キラキラかんどう

# おんなのこの めいさく だいすき

ささき あり

西東社

# もくじ

## シンデレラ …………………………………… 4
ペロー童話

## おおかみと 7ひきの こやぎ ……………… 14
グリム童話

## ねむれるもりの びじょ ……………………… 24
グリム童話

## ラプンツェル …………………………………… 34
グリム童話

## はだかの おうさま …………………………… 44
アンデルセン童話

## つるの おんがえし …………………………… 54
日本の昔話

## ねずみの よめいり …………………………… 64
日本の昔話

## きんの おの、ぎんの おの ………………… 70
イソップ童話

## きたかぜと たいよう ………………………… 74
イソップ童話

## かえるの おうじさま ………………………… 80
グリム童話

## マッチうりの しょうじょ …………………… 86
アンデルセン童話

## あかい くつ …………………………………… 92
アンデルセン童話

あおひげ ……………………………… 100
ペロー童話

かしこい グレーテル ……………… 110
グリム童話

ゆきの じょおう …………………… 118
アンデルセン童話

はくちょうの おうじ ……………… 132
アンデルセン童話

3びきの くま ……………………… 144
ロシアの昔話

すずの へいたい …………………… 152
アンデルセン童話

ながぐつを はいた ねこ ………… 162
ペロー童話

アラジンと まほうの ランプ …… 172
アラビアンナイト

アルプスの しょうじょ ハイジ … 184
世界の名作（スイス）／ヨハンナ・シュピリ

フランダースの いぬ ……………… 198
世界の名作（イギリス）／ウィーダ

あかげの アン ……………………… 212
世界の名作（カナダ）／ルーシー・モード・モンゴメリ

マザー・テレサ …………………… 226
伝記

ココ・シャネル …………………… 236
伝記

3

# シンデレラ

**ペロー童話**

ある いえに、やさしい むすめが いました。
むすめの おかあさんが なくなったあと、あたらしい
おかあさんと ふたりの ねえさんが やってきました。
しかし、おかあさんと ねえさんたちは、
やさしい むすめに いじわるばかり しました。
みすぼらしい ふくを きせ、まいにち、
せんたくや ゆかみがきを させたのです。
だんろそうじで はいだらけに なる むすめを
「シンデレラ」と、からかうようにも なりました。
シンデレラは 「はいかぶり」と いう いみなのです。

あるひ、おしろから、
ぶとうかいの しょうたいじょうが とどきました。
おうじさまの けっこんあいてを さがすため、
くにじゅうの むすめたちが まねかれたのです。
ふたりの ねえさんは うきうきと したくを して、
シンデレラに いいました。
「あんたは みすぼらしいから、むりよねえ」
「うちで、そうじしているのが ぴったりよ」

ねえさんたちが でかけたあと、
シンデレラは だんろの まえで なきだしました。
がまんしていた きもちが あふれでたのです。
すると、この いえの ようせいが あらわれました。
「ほんとうは、ぶとうかいに いきたいのですね?」
シンデレラは びっくりしながらも、うなずきました。
「では、かぼちゃを とってらっしゃい」
ようせいが いうとおり、シンデレラは はたけから
おおきな かぼちゃを とってきました。
「これで、いいでしょうか?」
「ええ、じゅうぶんですよ」
ようせいが もっていた つえで かぼちゃを たたくと……

かぼちゃは　りっぱな　ばしゃに　はやがわり。
つづいて　ようせいは、6ぴきの　ねずみを
6とうの　うまに、6ぴきの　とかげを
6にんの　けらいに、そして、シンデレラの　ふくを
すてきな　ドレスに　かえました。
さいごに、ガラスの　くつを　わたして、
にっこり　ほほえみました。
「さあ、たのしんでいらっしゃい。
　ただし、よるの　12じまでに　かえってくるのですよ。
　12じを　すぎると、まほうが　とけますからね」

シンデレラが おしろに はいると、
パーティーかいじょうに いた ひとびとが ざわめきました。
「あんな きれいな かた、みたこと ないわ」
「どちらの おひめさまでしょう」
おうじさまは シンデレラを ひとめで きにいり、
ダンスに さそいました。
かろやかに おどる ふたりを、かいじょうの ひとびとは
うっとり ながめました。

ボーン、ボーン、ボーン

やがて、12じの　かねが　なりはじめました。
（いけない、やくそくの　じかんだわ）
シンデレラは　あわてて　おしろを　でました。
ぬげた　くつも　そのままに、
かいだんを　かけおります。
かねが　なりおわったとたん、
ばしゃは　かぼちゃに、
うまと　けらいは　ねずみと　とかげに、
ドレスは　みすぼらしい　ふくに、
もどってしまいました。

おうじさまは シンデレラの あとを おいかけましたが、
どこにも すがたが みえません。
かいだんに おちていた ガラスの くつを ひろうと、
おうさまに いいました。
「わたしは、この くつの もちぬしと けっこんします」

おうじさまの　おふれで、くにじゅうの　むすめたちが
ガラスの　くつを　あわせることに　なりました。
シンデレラの　いえにも　けらいが　きて、
ガラスの　くつを　さしだしました。
ねえさんたちは　むりやり　はこうと　しましたが、
ちっとも　あしが　はいりません。
けらいは　へやの　すみに　いた　シンデレラにも、
あしを　あわせるよう　すすめました。

シンデレラが あしを いれると、ぴったり おさまります。
そこへ、ようせいが あらわれて、
シンデレラの ふくを ドレスに かえました。
おかあさんと ねえさんたちは、びっくり。
「シンデレラが あの おひめさまだったなんて」
シンデレラは ばしゃに のって おしろへ いきました。
おうじさまが シンデレラを むかえました。
「これからは ずっと わたしの そばに いてください」
すぐに、ふたりの けっこんしきが ひらかれ、
くにじゅうの ひとびとが おいわいしました。

# おおかみと 7ひきの こやぎ

グリム童話

もりの そばの ちいさな いえに、
やぎの おかあさんと、7ひきの こやぎが くらしていました。
あるひ、おかあさんが
かいものへ でかけることに なりました。
「おおかみに きを つけるのよ。
　ぜったいに、ドアは あけないでね」

しばらくして、

**トン、トン、トン。**

ドアを たたく おとが しました。
「おかあさんだよ。あけておくれ」
その こえは ガラガラごえです。
「おかあさんは、そんな ガラガラごえじゃない!」
「おまえは おおかみだな!」

「ばれたか……」
おおかみは いえに かえって、
こえを きれいにする チョークを のみこんで、
また やってきました。

**トン、トン、トン。**

「おかあさんだよ。あけておくれ」
ドアの したから、ちゃいろい あしが のぞいています。
「おかあさんは そんな ちゃいろい あしじゃない！」
「おまえは おおかみだな！」

「また、ばれたか……」
おおかみは こなやへ いくと、
あしに こなを はたいてきました。

**トン、トン、トン。**

「おかあさんだよ。あけておくれ」
こんどは、きれいな こえに、しろい あしです。
「おかあさんだ!」
こやぎたちは よろこんで ドアを あけました。

「おおかみだ!」

こやぎたちは あわてて かくれました。
テーブルの した、ベッドの なか、とだなの なか……。
しかし、おおかみは つぎつぎに こやぎを みつけて、
のみこんでいきました。

「くんくん、おかしいな。もう いっぴき いたはずだぞ」
はしらどけいに かくれた すえっこの こやぎは、
ふるえながら いきを ひそめました。
まんぷくに なった おおかみは いえを でていきました。

しばらくして おかあさんが かえってきました。
「ぼうやたち。どこへ いったの?」
はしらどけいから、すえっこの こやぎが でてきました。
「みんな、おおかみに のみこまれたの」

おかあさんは　おおかみを　さがしに　いきました。
のはらで　ねている　おおかみに　ちかづくと、
おなかが　ぴくぴく　うごいています。
「ぼうやたち、いま　たすけてあげるわ」
おかあさんは　ねむりこんでいる　おおかみの　おなかを
はさみで　きりました。
すると　こやぎたちが　つぎつぎに　とびだしてきました。
「よかった。もう、だいじょうぶよ」

おかあさんは こやぎたちに いいました。
「いしを あつめていらっしゃい」
こやぎたちは おおかみの おなかに いしを つめ、
おかあさんが はりと いとで、おなかを ぬいました。

しばらくして、おおかみは めを さましました。
「なんだか おなかが ごろごろするな」
のども かわいて、しかたがありません。
みずを のもうと いどを のぞきこんだとたん、

ごっぼーん！

おなかが おもいせいで、
まっさかさまに おちてしまったのです。
おおかみは それきり、にどと あらわれませんでした。

# ねむれる もりの びじょ

グリム童話

あるところに、あかちゃんが
さずからないことを　かなしむ、
おうさまと　おきさきさまが　いました。
「あかちゃんが　うまれますように」
ねがうことは　この　ことばかり。
ようやく、ねがいが　かなって、
おうじょが　うまれると、せいだいな
おいわいの　かいを　ひらきました。

おいわいの かいでは、まねかれた 7にんの ようせいが、
おうじょに まほうの おくりものを していきました。
ようせいの ことばは、ほんとうに なるのです。
「せかいいち うつくしくなるでしょう」
「とびきり やさしい こころを もつでしょう」
6にんの ようせいが いいおわったところで、
としおいた ようせいが はいってきました。
「わたしだけ まねかないとは、しつれいな。
　おうじょは いとぐるまに ささって しぬだろう」
おそろしい のろいに、みなが ふるえあがりました。
そのとき、すんだ こえが ひびきました。
「いいえ!」

たちあがったのは、7にんめの ようせいでした。
「おうじょさまは いとぐるまに ささっても、
　ねむるだけです。100ねんごに おうじさまが きて、
　めざめさせてくれるでしょう」

しんぱいした おうさまは、
くにじゅうに おふれを だしました。
「すべての いとぐるまを やきすてよ」

おうじょは すくすく そだち、15さいに なりました。
おうさまと おきさきさまが でかけているとき、
おうじょは ふと おもいつきました。
「そうだ。おしろを たんけんしてみましょう」
ひとりで いくつもの へやを のぞいて まわるうちに、
やねうらべやを みつけました。

やねうらべやでは、おばあさんが いとぐるまで
いとを つむいでいました。
そう。たった ひとつだけ、いとぐるまが のこっていたのです。
はじめて みる いとぐるまに、おうじょは わくわくしました。
「なにを しているんですか?」
「いとを つむいでいるのですよ」
「わたしも やってみたいわ」
おうじょは いとぐるまを まわそうとして、
「いたい!」
てを さして、そのばに ばったり、
たおれてしまいました。

おうじょが ねむりに つくと、
しろじゅうの ものたちも みな、
ねむりに つき、
おしろは いばらに とざされました。

おしろが いばらに とざされ、
だれも はいれなくなって 100ねんが たちました。
「とざされた おしろには
　うつくしい おうじょが ねむっている」
うわさを きいて、ちかくの くにの おうじが
もりに やってきました。
けんで いばらを つきさすと、
ほどけて みちが ひらけました。

おうじは おしろに はいりました。
しずまりかえった たてものに、
おうじの あしおとだけが ひびきます。
おくへ おくへと はいっていくと、
きれいに ととのえられた へやが ありました。
レースの かかった ベッドに、おうじょが ねむっています。
「なんて うつくしい……」
ひかりかがやく おうじょの かたわらに、
ひざまずいた そのときでした。

おうじょが めを さましたのです。
「あなたでしたのね。
　ずっと、まっていたんですよ」
おうじの むねが、
トクンと たかなりました。
「どうか ぼくと
　けっこんしてください」

めしつかいや　りょうりにんたちも　つぎつぎに
めを　さまし、おいわいの　じゅんびを　はじめました。
そうして、にぎやかになった　おしろで、
けっこんしきが　おこなわれました。

# ラプンツェル
## グリム童話

ある ふうふが あかちゃんを さずかりました。
ところが、おくさんは ぐあいが わるくなり、
どんどん やせていきました。
ただ ひとつだけ、となりの にわに はえている、
やさいの ラプンツェルが たべたいと おもいました。
おくさんを しんぱいした だんなさんは、
「おれが とってきてやる」
と、となりの にわに はいりました。

にわに はいった だんなさんの まえに
あらわれたのは、まじょでした。
その にわは、まじょの ものだったのです。
だんなさんが わけを はなして あやまると、
まじょは にやりと わらいました。
「すきなだけ ラプンツェルを もっておいき。
　そのかわり、うまれた こは あたしが もらうよ」
おそろしい まじょを まえにして、
だんなさんは うなずくしかありませんでした。

うまれてきたのは、おんなのこでした。
まじょは おんなのこを つれさり、
ラプンツェルと なづけて そだてました。
やがて、ラプンツェルは うつくしい むすめに なりました。
まじょは ラプンツェルを、もりの とうに とじこめました。
とうに でいりぐちの ドアは なく、
たかい ところに まどが ひとつ あるだけです。
どうやって、とうに のぼるのでしょう?

のぼりかたを しっていたのは、
まじょだけでした。
「ラプンツェル ラプンツェル。
　おまえの かみを たらしておくれ」
とうの したから こえを かけると、
ラプンツェルが まとめていた
かみを ほどいて、
とうの したへ たらします。
その かみを つたって、
まじょは とうを のぼったり、
おりたりすることが
できたのでした。

あるとき、もりに きた おうじが
ラプンツェルの うたごえを みみに しました。
（なんて すてきな うたごえだろう。
　あの とうの うえから きこえるようだ）
おうじは まいにち、もりに きて、
みみを すますように なりました。
（どんな ひとが うたっているのだろう）
うたごえの ぬしに あいたいと おもっても、
どうしたら とうに のぼれるのか、わかりません。
そんな あるひ、とうを のぼっていく
まじょを みかけました。
おうじは ようやく、とうを のぼる ほうほうを
しることが できたのです。

おうじは　まじょが　でていくのを　まって、
とうの　したから　よびかけました。
「ラプンツェル　ラプンツェル。
　おまえの　かみを　たらしておくれ」
おりてきた　かみを　つたって　とうを　のぼっていくと、
ラプンツェルが　たっていました。
びっくりする　ラプンツェルに、おうじは　いいました。
「あなたの　うたごえを　きいてから、
　ずっと　あなたに　おあいしたいと　おもっていました」

おうじに けっこんしてほしいと いわれ、
ラプンツェルは うなずきました。
「でも、わたしは ここから おりることが できません。
　あなたが くるたびに いとを もってきてくれたら、
　なわばしごを あんで、
　したに おりることが できるでしょう」
それから、おうじは まいばん、
ラプンツェルの もとに かようように なりました。

しかし、おうじの ことを まじょが しってしまいました。
まじょは おこって、ラプンツェルの かみを きると、
とおくの あれちへ つれていき、おきざりに しました。
そのばん、おうじは まじょが おろした かみを つたって
とうを のぼりました。
ところが、まっていたのは まじょでした。
「ラプンツェルは いないよ。
　もう にどと あえない ところへ いったからね」
ラプンツェルに もう あえない。
おうじは かなしみの あまり、とうから とびおりました。
おちた ところは いばらの うえ。
いのちは たすかったものの、とげが めに ささり、
なにも みえなくなりました。

おうじは　もりの　なかを　さまよいました。
7ねんが　たったころ、
なつかしい　うたごえが　きこえてきました。
ラプンツェルの　うたごえです。
そこに、こどもたちの　うたごえも　かさなりました。
ラプンツェルは　おうじとの　あいだに　うまれた
ふたごの　おとこのこと　おんなのこを　そだてながら、
ひっそりと　くらしていたのです。

おうじは よろよろと、
うたごえの するほうに ちかづいていきました。
きづいた ラプンツェルが、 かけよりました。
おうじは もりを さまよううちに、やせこけ、
ふくも ぼろぼろに なっていましたが、ラプンツェルには
おうじだと いうことが、すぐに わかったのです。
ふたりが しっかりと だきあったとき、
ラプンツェルの なみだが、おうじの めに はいりました。
そのとたん、おうじの めが みえるように なりました。
おうじは ラプンツェルと こどもたちを つれて
くにに かえり、おしろで おだやかに くらしました。

# はだかの おうさま

アンデルセン童話

あるところに みえっぱりな おうさまが いました。
おうさまが なによりも すきなのは、
あたらしい きれいな ふく。
すてきな ふくを きると、
りっぱな ひとに なった きが するからです。
おうさまは たくさんの おかねを つかって ふくを かい、
ひろい いしょうべやに ずらずら ならべました。
そして、いちじかんごとに ふくを きがえては、
けらいに みせびらかしていました。

あるひ、おうさまの もとに
ふたりの したてやが やってきました。
「わたしたちは とても うつくしい ぬのを おることが
　できます。しかも、その ぬので つくった ふくは、
　かしこい ひとにしか みえません」
「それは おもしろい」
おうさまは その めずらしい ふくが ほしくなり、
おかねを たくさん はらいました。
したてやは かしこまって いいました。
「せかいいち りっぱな ふくを つくってみせましょう」

したてやたちは　よるおそくまで　ぬのを　おっていました。
それを　みた　けらいたちは　いいました。
「ずいぶん　ねっしんな　したてやだ」
「めずらしい　ぬのを　つくるには、じかんが　かかるのだろう」
けらいたちの　はなしは　ひとから　ひとへと　つたわり、
やがて、めずらしい　ぬのの　うわさは、
まちじゅうに　ひろまりました。
「その　ぬのが　みえるか　みえないかで、
　かしこいか　どうかが　きまるんだって」
「へえ～。そりゃ、みてみたい」

おうさまは　だいじんに　いいました。
「ぬのの　できぐあいを　みてきてくれ」
だいじんは　したてやの　へやに　いきました。
なんと　したてやは　なにも　のっていない
おりきを　うごかしているでは　ありませんか。
だいじんは　あわてました。
ぬのが　みえない　じぶんは、
ばかと　いうことに　なるからです。
したてやは　みえない　ぬのを　てに　とって　みせました。
「どうです？　すばらしいでしょう」
だいじんは　こほんと、せきばらいしました。
「うむ。みごとな　ぬのじゃ」

おうさまは だいじんの はなしを きいて、
ぬのが みたくなりました。
さっそく、おおぜいの けらいを つれて
したてやの へやに いきました。
まっさきに だいじんが いいました。
「ほら、おうさま。すばらしい ぬのでしょう」
けらいたちも だいじんを まねて いいました。
「なんと うつくしい いろでしょう」
「すてきな もようですね」

しかし、おうさまには なにも みえません。
 (まさか、この わしが ばかだと いうのか)
おうさまは わざと おおごえで いいました。
「たしかに すばらしい。
　とても きにいった!」

おうさまは その ぬので つくった ふくを きて、
まちの ひとびとに みせることに しました。
パレードの あさ、
したてやは おうさまに ふくを きせながら いいました。
「こちらが うわぎ、ズボン、そして マントに なります」
かがみを みた おうさまは くびを かしげました。
「う～む」

したてやは、みえない マントの すそを てに とって
みせました。
「くうきのように かるいので、
　つけている かんじが しないと おもいます」
おうさまは うなずきました。
「うむ。この ふくは みためだけでなく、きごこちも よい」
けらいたちが いっせいに ほめたたえました。
「なんて すばらしい ふくでしょう」
「ごりっぱです」

まちの とおりには、おうさまの ふくを みようと、
ひとびとが あつまりました。
いよいよ、おうさまの とうじょうです。
おうさまが けらいたちを ひきつれて、
どうどうと こうしんしてきました。
「あれ？」
ひとびとは めを ぱちくりさせました。
おうさまの ふくが みえないのです。
でも、みえないとは いえません。

すると、ひとりの こどもが いいました。
「おうさま、ふくを きてないよ!」
それを きいた ひとびとも いいはじめました。
「おうさまは はだかだ!」
おうさまは ようやく、だまされたことに きが つきました。
でも、いまさら パレードを やめるわけには いきません。
ひたすら むねを はって、あるいていきました。

# つるの おんがえし
### 日本の昔話

むかし、はたらきものの わかものが いました。
ゆきの ふるひ、たきぎを うりに でかけると、
わなに かかって くるしんでいる つるを みつけました。
「かわいそうに。いま たすけてやるからな」
わかものが わなを はずすと、
つるは こうー こうーと、ないて
とんでいきました。

そのばん、わかものの いえに むすめが たずねてきました。
「たびのものですが、みちに まよって こまっております」
むすめは ゆきの なかを あるきつづけ、
つかれているようです。
わかものは むすめを いえに いれました。
「ゆきが やむまで、うちで ゆっくりしていけば いい」

むすめは りょうりや せんたくを
してくれるように なりました。
わかものは むすめが いえに いてくれるのが
うれしくて、はりきって はたらくように なりました。
しかし、まずしさは かわりません。
あるとき、むすめが いいました。
「これから、はたを おります。わたしが おっている
　あいだは、けっして のぞかないでください」
わかものは のぞかないと やくそくしました。
むすめは へやに こもって、はたを おりました。

**トントンカラリ、トントンカラリ。**

よくあさ、むすめが ぬのを もって へやから でてきました。
「まちへ いって、この ぬのを うってきてください」
わかものが まちへ いって ぬのを みせると、
ひとびとは めを みはりました。
「こんな うつくしい ぬの、みたことが ない」
ぬのは たかい ねだんで
うれました。

わかものは むすめに ぬのが うれたことを はなしました。
「すばらしい ぬのだと ほめられた」
わかものの よろこぶ かおを みて、
むすめは ほほえみました。
「もう ひとつ、おりましょう。
　でも、けっして のぞかないでくださいね」

トントンカラリ、トントンカラリ。

はたの おとは ひるも よるも やむことなく、
いくにちか つづきました。
「やすまずに おりつづけて だいじょうぶだろうか」
しんぱいに なった わかものは やくそくを やぶり、
へやを のぞいてしまいました。

「あっ」

そこに いたのは 1わの つるでした。
ながい くちばしで じぶんの はねを ひきぬき、
はたを おっていたのです。

むすめが おりかけの ぬのを もって でてきました。
「わたしは あなたに たすけてもらった つるです。
おんがえしが したくて、にんげんの すがたに
なって まいりました。ずっと、あなたの そばに
いたかったのですが、ほんとうの すがたを
みられては おわかれするしか
ありません」

むすめは つるの すがたに
なって、そらに まいあがりました。
わかものは いそいで おいかけました。
「まってくれ」

**こうー。**

かなしそうな こえを のこして、
つるは やまの かなたに
きえていきました。

# ねずみの よめいり
## 日本の昔話

ねずみふうふの かわいい むすめは おとしごろ。
おとっつぁんは かんがえました。
「せかいで いちばん つよい むこの ところさ、
 よめに だそう。それは、きっと おひさまだ」

さっそく、おひさまを たずねてみると、
「いやいや、いちばん つよいなんて、とんでもない。
　くもが でてくれば、かくれてしまいます」
おとっつぁんは うなずきました。
「なるほど、そりゃ、そのとおり」

つづいて、くもを たずねてみれば、
「いやいや、いちばんなんて、とんでもない。
　かぜが ひとふきすれば、とばされます」
おとっつぁんは うなずきました。
「なるほど、そりゃ、そのとおり」

そこで、かぜを たずねてみれば、
「いやいや、いちばんなんて、とんでもない。
　わたしが いくら ふいても びくとも しない。
　かべが なんといっても いちばんだ」
「なるほど、そうかい。そうだろな」

そうして、かべを たずねてみれば、
「いやいや、いちばんなんて とんでもない。
　ねずみに かじられたら あなが あく。
　いちばん つよいのは ねずみどんだ」
おとっつぁんは うなずきました。
「なるほど、そりゃ、もっともだ」

こうして、むすめの　よめいりさきは
わかい　ねずみに　きまりました。
「ねずみが　あいてで　よかった」
と、むすめも　たいそう　よろこびました。

# きんの おの、ぎんの おの
## イソップ童話

きこりが いずみの ほとりで きを きっていたとき、
てを すべらせて、おのを いずみに おとしてしまいました。
「どうしよう。ひとつしかない しごとどうぐなのに……」
きこりは しくしく なきはじめました。
すると、いずみの なかから、めがみが あらわれました。
「あなたが おとしたのは、この きんの おのですか?」
きこりは くびを よこに ふりました。
「いいえ。わたしの おのは
　そんなに りっぱでは ありません」

めがみは いずみに きえると、
ぎんの おのを もって あらわれました。
「あなたが おとしたのは、この ぎんの おのですか？」
「いいえ。わたしの おのは、
　そんなに きれいでは ありません」
めがみは こんどは てつの おのを もって あらわれました。
「ああ、めがみさま。それこそ、わたしの おのです」
きこりの ことばに、めがみは ふかく うなずきました。
「あなたは しょうじきですね。おのは ぜんぶ あげましょう」
きこりは きん、ぎん、てつの
3ぼんの おのを もらいました。

この はなしを きいた、
なかまの きこりは うらやましくなりました。
「おれも きんと ぎんの おのが ほしいなあ」
さっそく いずみへ いって、
わざと おのを なげいれました。

すると、めがみが きんの おのを もって あらわれました。
「あなたが おとしたのは、この きんの おのですか？」
「はい。それは わたしの おのです。
　ぎんの おのも おとしました」
めがみは きっと、めを つりあげました。
「あなたに あげるものは、なにも ありません」
よくばって うそを ついたばかりに、
きこりは じぶんの おのも うしなってしまいました。

# きたかぜと たいよう
### イソップ童話

きたかぜの　じまんは、
つよい　かぜで　なんでも　ふきとばせることでした。
あるとき、きたかぜは　たいように　いいました。
「おい、たいよう。おれさまと　ちからくらべを　してみないか」
「いいですけど、どうやって？」
「あの　たびびとが　きているものを　ぬがせたほうが
　かちと　しよう」

さっそく きたかぜが ぴゅーっと
つめたい かぜを ふきつけました。
たびびとは ぶるっと ふるえて、
コートの えりを たてました。
きたかぜは もっと つよく ふきつけました。
コートが ばたばたと かぜに あおられました。
「よし、もうすこしで ふきとばせるぞ」

きたかぜは ますます つよく ふきつけました。
ところが、たびびとは ふくを ぬぐどころか
コートの ボタンを しっかり とめなおしてしまったのです。
きたかぜは がっかりしました。
「だめだ……」

「こんどは わたしの ばんですね」
たいようは ぽかぽかと やさしい ひかりを おくりました。
たびびとは たいようを みあげて、
「ああ、あたたかくなってきた」
と、コートの ボタンを はずしました。

たいようが もっと もっと ひかりを おくると、
「あ〜、あつい」
たびびとは コートを ぬぎました。
そればかりか、ようふくを ぬいで、
ちかくの かわで みずあびを はじめたのです。

きたかぜは たいように いいました。
「おれさまの まけだ。
　ちからが つよいだけじゃ、だめな ことも あるんだな」
「そうですね」
たいようは にこにこ ほほえみました。

# かえるの おうじさま

グリム童話

もりの なかの おしろに、
うつくしい おひめさまが いました。
おひめさまは いつも いずみの そばで、
まりあそびを していました。
あるひ、おひめさまの なげた きんの まりが、
いずみに おちてしまいました。
「どうしよう。たいせつな
　まりなのに……」

おひめさまが なきだすと、
いずみから かえるが かおを だしました。
「ぼくが ひろってきましょう。
　そのかわり、ぼくと ともだちに なってください」
「ええ、いいわ。
　まりを とってくれるなら、なんでも やくそくするわ」
かえるは いずみに もぐって まりを とってきました。
「ありがとう」
おひめさまは まりを うけとると、かえるを のこして
さっさと おしろへ かえってしまいました。

つぎの ひ、おひめさまが しょくじを していると、
かえるが やってきました。
「ぼくと ともだちに なる やくそくを しましたよね」
「かえるとなんて ともだちに なりたくないわ」
おひめさまが こまっていると、おうさまが いいました。
「やくそくは まもるものだ」
しかたなく、おひめさまは かえると いっしょに
しょくじを しました。

かえるは いいました。
「おひめさまの へやで あそびましょう」
おひめさまは いやで いやで たまりません。
でも、おうさまに ちゅういされたので、
かえるを ゆびで つまんで、へやに つれていきました。

ゆかに おろされた かえるは、
「ねむくなりました。いっしょに ベッドで ねむりませんか？」
と、とびはねてきました。
おどろいた おひめさまが おもわず よけると、
かえるは かべに ぶつかり、きを うしなってしまいました。
「きゃっ、しっかりして。どうしよう……」
おひめさまは あわてて かえるを だきあげ、
ベッドに ねかしました。

あさ、おひめさまは めを さまして、びっくりしました。
となりに うつくしい おうじさまが いたからです。
「わたしは わるい まじょに かえるに されました。
　あなたが ともだちに なる やくそくを
　まもってくれた おかげで、のろいが とけました」
それから、ふたりは なかよくなり、
まいにち たのしく くらしました。

# マッチうりの しょうじょ

アンデルセン童話

おおみそかの ばん。ゆきが ふる なか、
おんなのこが まちかどに たっていました。
ふくは ぼろぼろで、はだしです。
「マッチは いりませんか？」
まちゆく ひとに こえを かけますが、
だれも かってくれません。
「ああ、さむい」
おんなのこは こごえそうでした。

すこしでも あたたまろうと、
マッチを いっぽん すってみました。
ちいさな ひが ともり、ほわっと あたたかくなりました。
「ああ、ストーブの まえに いるみたい」
しかし、マッチの ひは すぐに きえ、
もとの さむさが もどってきました。
おんなのこは もう いっぽん、マッチを すりました。
すると……

あかりの なかに、ほかほかと ゆげを
たてている ごちそうが あらわれました。
「わあ、おいしそう」
おもわず てを のばした とたん、ひが きえ、
ごちそうも きえてしまいました。

もう いっぽん すると、こんどは おおきな
クリスマスツリーが あらわれました。
きれいに かざられ、
たくさんの あかりで かがやいています。
でも、やはり すぐに
きえてしまいました。

おんなのこは　また　マッチを　すりました。
ひかりの　なかに　あらわれたのは、
だいすきだった　おばあちゃん。
「おばあちゃん、いかないで！
　ひが　きえるまえに、わたしも　つれていって」
おんなのこは　のこりの　マッチを
ぜんぶ　すりました。
あたりが　ひるまよりも
あかるくなりました。

おばあちゃんは おんなのこを だきあげると、
たかく たかく のぼっていきました。
さむさも ない、おなかが すくことも ない、
てんの くにへと おんなのこを はこんでいったのでした。

# あかい くつ

### アンデルセン童話

カーレンと いう かわいらしい おんなのこが、
おかあさんと ふたりで くらしていました。
カーレンは いつも はだしでした。
まずしかったので、くつが かえなかったのです。
あるとき、カーレンは まちで、
うつくしい おうじょさまを みかけました。
きれいな あかい くつが よく にあっています。
(わたしも あんな くつを はいてみたいな)

やがて、おかあさんが びょうきで なくなり、
カーレンは おかねもちの おばあさんに ひきとられました。
あたらしい くつを かってもらうため、
まちの くつやへ いったところ、
おうじょさまのと おなじ あかい くつが ありました。
カーレンは おばあさんに たのみました。
「あの くつが ほしいです」
めの わるい おばあさんは、
それが あかい くつだと しらずに かってやりました。

きょうかいへ いくとき、
カーレンは あかい くつを はきました。
あかい くつを みた ひとびとは、
みな かおを しかめました。
「きょうかいに あかい くつを はいてくるなんて、
　かみさまに しつれいな」
「きっと、ばちが あたるよ」
おばあさんも あかい くつに きが つき、
カーレンに いいました。
「きょうかいに くるときは かならず
　くろい くつを はきなさい」

しばらくして、おばあさんは
おもい びょうきに かかりました。
かんびょうできるのは、カーレンだけです。
でも、カーレンは しょうたいされていた ぶとうかいへ
いきたいと おもいました。
ちょっと でかけるつもりで、あかい くつを はき、
いえを でました。

きょうかいの　まえを　とおりかかると、
ひげを　はやした　へいたいが　たっていました。
へいたいは　カーレンを　みると、
「きれいな　くつじゃのう。おどるときは、あしと　くつが
　しっかり　くっついていないと、うまくいかないぞ」
と　いって、つえで　あかい　くつを　たたきました。

とたんに、あしが　かってに　おどりだしました。
カーレンは　くつを　ぬごうとしましたが、
ぴったり　くっついて　ぬげません。

はたけを こえ、そうげんを こえ、
ひるも よるも おどりつづけます。

やがて、なつかしい
いえが みえてきましたが、
きこえてきたのは
おそうしきの うたでした。
「おばあさまが なくなったのだわ」
カーレンは なみだを
ながしながら、おどっていきました。

あれちに　さいばんかんの　こやが　みえてきました。
カーレンは　さけびました。
「さいばんかんさま、
　どうか　わたしの　あしを　きってください」
さいばんかんは　おので、カーレンの　あしを　きりました。
あかい　くつは　ちいさな　あしと　いっしょに、
もりの　なかへ　おどっていきました。

カーレンは　まつばづえを　ついて、きょうかいへ　いきました。
「かみさま　わたしは　おろかでした」
こころから　あやまり、いのりました。
それから、まいにち　きょうかいで　いっしょうけんめいに
はたらくことで、カーレンは　ようやく　すくわれた
きもちに　なったのでした。

# あおひげ
ペロー童話

むかし、りっぱな おしろと、
ひろい とちを もつ おとこが いました。
おとこは あごに ぶきみな あおい ひげを
はやしていました。
おとこは なんにんもの おんなのひとと
けっこんしましたが、みな どこへ いったか
わからなくなっていました。
ひとびとは おとこを 「あおひげ」と よび、
きみわるがりました。

あるひ、あおひげは ふたりの むすめと
ふたりの むすこを もつ ははおやに いいました。
「むすめの どちらかを よめに もらいたい」
うえの むすめは いやがりました。
そこで、したの むすめが けっこんすることに なりました。

むすめは あおひげに むかえられ、
おしろの なかを あんないされました。
きんや ぎんで かざりつけられた ひろま、ちょうこくの
ついた はしらなど、うっとりするものばかりです。
むすめは しだいに たのしくなってきました。
（こんな すてきな おしろで くらせるなんて！
　あおひげも しんせつに してくれるし、よかったわ）
ただ、ふしぎな ことに いくら おしろを あるいても
だれとも あわないのです。
（ひとりで おしろに くらしているのかしら？）

けっこんして すうじつご、
あおひげは たびへ でることに なりました。
「るすの あいだ、ともだちを よんで たのしむと いい。
　この かぎで しろじゅうの へやを あけられる」
そう いって、かぎの たばを むすめに わたしました。
「ただし、ちかしつだけは ぜったいに あけては ならん！」
むすめは ぜったいに あけないと、
あおひげに やくそくしました。

つぎの ひ、むすめは あねや ともだちを よび、
おしろの へやを みてまわりました。
たくさんの ほうせきが おかれた へや、
ドレスや くつが ずらりと ならぶ へや。
どの へやも すてきな もので あふれていました。
そうして むすめは すうじつを たのしく すごしました。

ところが、ほとんどの へやを みてしまうと、
むすめは どうしても ちかしつを あけてみたくなりました。
　(あけては ならないと いう ぐらいだもの、ちかしつには
　　もっと すばらしいものが あるに きまってる)
きに なるのは、あおひげとの やくそくです。
まよいつつも、むすめは ひとりで ちかへ おりました。
そして、とうとう かぎを あけてしまったのです。

おもい ドアが あくと、むすめは いきを のみました。
ゆかが あかくそまっていたのです。
つきあかりで かべに つりさげられた
おんなたちの すがたが みえます。
あおひげと けっこんした
おんなのひとたちに ちがいありません。
むすめは あまりの きょうふに てが ふるえ、
かぎを おとしてしまいました。
あわてて かぎを ひろい、ドアを しめました。
じぶんの へやに もどっても ふるえは とまりません。
（おちつかなくては。
　なにごとも なかったように ふるまうのよ）

ところが、かぎに あかい しみが ついています。
（さっき おとしたときに ついたんだわ）
むすめは なんども なんども かぎを こすって
あらいましたが、ついた しみは おちませんでした。

つぎの あさ、あおひげが かえってきました。
むすめは おそるおそる かぎを かえしました。
しみの ついた かぎを みたとたん、
あおひげは わなわなと ふるえました。

「そうか、ちかしつを あけたのか。
　やくそくを やぶったのだな。おまえも あの へやの
　おんなたちと おなじように してやる!」
むすめは がくがく ふるえながら いいました。
「しぬまえに、おいのりを させてください」
「いいだろう」
むすめは バルコニーに でて さけびました。
「たすけてー!」
こえは かぜに のり、
ふたりの あにの もとに とどきました。
「いもうとが あぶない!」
あにたちは うまに とびのりました。

「おねがい、はやく たすけにきて」
むすめが いのっていると、あおひげが どなりました。
「いつまで またせるんだ!」
あおひげの あしおとが ちかづいてきます。
「はやく きて……」
むすめは あおひげに かみのけを つかまれ、
ひきたおされました。
あおひげが けんを ふりあげた そのときです。
ふたりの あにが どっと とびこんできました。
あおひげは たおされ、
むすめは ぶじに たすけだされました。

# かしこい グレーテル

### グリム童話

むかし、あるところに　グレーテルと　いう
コックが　いました。
グレーテルは　たべることと
ワインを　のむことが　だいすきでした。
「コックは、りょうりの　あじを
　しっていないと　いけないものね」
グレーテルは　いつも　そう　いっていました。

あるとき、だんなさまが いいました。
「グレーテル。こんやは おきゃくが くるから、
　にわとりを 2わ、りょうりしておくれ」
とりの まるやきは だんなさまの だいこうぶつ。
さっそく、グレーテルは りょうりに とりかかりました。
にわとりの にくを くしに さして ひに かけます。
にくが きつねいろに やけて、いい においが してきました。
「だんなさま、そろそろ とりが やけますよ」
グレーテルが おおごえで いうと、
「それじゃあ、おきゃくを よんでこよう」
だんなさまは おきゃくを よびに でかけました。

だんなさまが いなくなると、グレーテルは かんがえました。
「ひの そばに いると、のどが かわくわ。
　なにか のまないと、たおれちゃう」
そこで、さかぐらへ いって ワインを ぐいっと のみました。
「ああ、おいしい。もう いっぱいだけ……」
そう いって のむうちに ひとびんが からに なりました。

それから グレーテルは キッチンに もどって
とりにくに バターを ぬり、さらに よく やきました。
こうばしい いい においが します。
「ほんとうに おいしく できているか、あじみを しないと」
グレーテルは とりにくを ゆびで なで、
ぺろっと なめました。
「おいしい!」
グレーテルの おなかが ぐーっと なりました。
「あら、つばさの ところが すこし こげてる。
　これは おきゃくさまには だせないわね」
と、かたほうの つばさを きりとって たべてしまいました。

「かたほうだけ つばさが ないなんて おかしいわね」
グレーテルは もう かたほうの つばさも たべました。
「つばさが ない とりなんて、へんよね。
　すっかり かたづけちゃうほうが すっきりするわ」
グレーテルは ワインを のみながら、
1わを まるまる たべてしまいました。

グレーテルは　もう　1わを　じっと　みつめて、
おなかを　なでました。
「2わが　いっしょでないと、かわいそうよね」
そこで、もう　1わも　たべて、
おなかの　なかで　いっしょに　してあげました。
すると、だんなさまが　かえってきました。
「グレーテル、いそいでおくれ。
　すぐに　おきゃくが　くるからね」
だんなさまは　とりにくを　きりわけるのに　つかう
おおきな　ほうちょうを　とぎだしました。
さあ、こまったことに　なりました。
とりにくは　すっかり　なくなってしまったのですから。

おきゃくさんが とを たたくと、
グレーテルは いそいで げんかんへ いきました。
「しっ、しずかに。はやく にげてください。
　だんなさまが あなたを まねいたのは、
　あなたの ふたつの みみを きりとるためです。
　ほら、ほうちょうを とぐ おとが するでしょう」
おきゃくは あわてて にげだしました。

グレーテルは　だんなさまの　もとへ　いきました。
「だんなさま、たいへんです。おきゃくさまが
　さらに　あった　とりにくを　うばって　にげました」
「ふたつともか？
　せめて、ひとつは　かえしてもらわなくては！」
だんなさまは　ほうちょうを　もったまま、
おきゃくの　あとを　おいかけました。
「ひとつだけで　いい。ひとつだけで　いいから！」
みみを　ひとつでも　とられたら　たいへんと、
おきゃくは　もうスピードで　はしって　にげました。

# ゆきの じょおう
### アンデルセン童話

となりあう アパートに、カイと いう おとこのこと
ゲルダと いう おんなのこが すんでいました。
ふたりは とても なかよしで、
いつも ベランダの ばらの アーチの したで
おしゃべりを したり、あそんだりしていました。

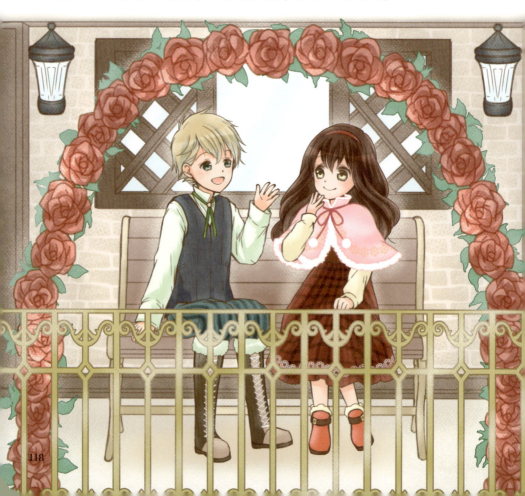

ある ふゆの ひ。
カイが うめきました。
「むねが いたい。
　めの なかにも なにか はいったみたいだ」
そらから ふってきた こおりの かけらが、
カイの こころと めの なかに はいってしまったのです。
こおりの かけらは カイの こころを つめたくしました。
そうとは しらない ゲルダは ききました。
「カイ、だいじょうぶ？」
カイは ぷいっと かおを そむけました。
「こっちを みるなよ。きぶんが わるくなる！」
そう いって、カイは アパートから とびだしていきました。

まちはずれで　カイは、
おんなのひとに　あいました。
それは　ゆきの　じょおうでした。
まばゆいほどの　しろい　はだを　して、
ゆきで　できた　コートと　おうかんを
みに　つけています。
ゆきの　じょおうが　てまねきを　すると、
カイは　ふらふらと　そりに　のりました。
「いいこね」
ゆきの　じょおうは　カイの　ほおに
キスを　しました。
その　しゅんかん、カイは
ゲルダの　ことは　もちろん、
これまでの　ことを　すべて
わすれてしまいました。
じょおうと　カイを　のせた　そりは
いきおいよく　まちから　でていきました。

ゲルダは カイの かえりを アパートで まちました。
しかし、なんにち たっても、カイは かえってきません。
やがて、ゆきが とけ、
あたたかな はるの ひざしが ふりそそぐように なると、
ゲルダは カイを さがしに いえを でました。
かわに ついた ゲルダは、こぶねに のって いいました。
「かわさん、かわさん。あたしを カイの いる ところへ
　つれていってくださいな。つれていってくれるなら、
　　この あかい くつを さしあげます」
そう いって、ゲルダは おきにいりの
あかい くつを ぬぎ、かわへ なげいれました。
こぶねは かわを ぐんぐん ながれていきました。

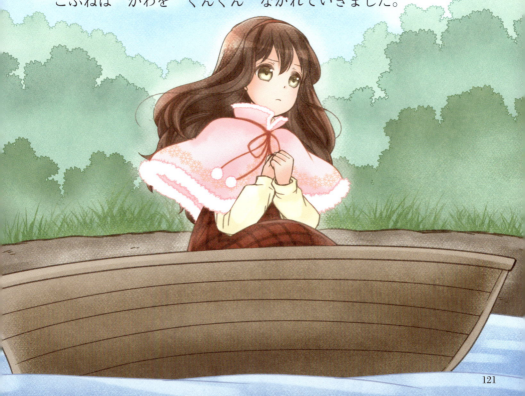

しばらくして、こぶねは そうげんに つきました。
ゲルダは そうげんに たつ
ちいさな いえを たずねました。
「カイと いう おとこのこを しりませんか？」
おばあさんは ゲルダを いえの なかに まねきいれ、
おいしそうな くだものを ごちそうしました。
そして、ゲルダが カイの ことを はなす あいだ、
ゲルダの かみのけを きんの くしで とかしました。
かみのけを とかされるうち、
ゲルダは だんだん カイを わすれていきました。
おばあさんの まほうに かかってしまったのです。

おばあさんは にんまり わらいました。
「あたしはね、あんたみたいな
　おんなのこが ほしかったんだ」
ゲルダは おばあさんの いえで
くらすように なりました。
そうして どれぐらいの つきひが たったでしょう。
あるひ、ゲルダは かべに かかった ぼうしに
めが とまりました。
ぼうしには ばらが かかれています。
「ばら、ばらの アーチ……」

ゲルダは　カイと　あそんだ
ばらの　アーチを　おもいだしました。
「カイを　さがさなくちゃ！」
ゲルダは　もんの　そとへ　でました。
かれはばかりの、さびしい　けしきが　ひろがっています。
「きっと　わたし、まほうに　かかっていたのね。
　あきに　なっていたのに　きが　つかなかったんだもの」
ゲルダは　はだしの　まま、あるいていきました。

ゲルダが　くらい　もりの　なかへ
はいっていくと、うまに　のった
さんぞくに　とりかこまれました。
さんぞくの　ひとりが　するどい
ナイフを　ぬきました。
「かねめの　ものを　だしな」
ゲルダは　ふるえあがりました。
すると、ちいさな　むすめが
うまから　とびおりました。
「このこは　あたしの
　あそびあいてに　するよ」

ゲルダは　さんぞくの　こやに　つれていかれました。
さんぞくの　むすめは　いいました。
「こんやは　ここで　ねるんだよ」
こやの　かべの　あなには　ハトが　2わいて、ベッドの
そばには　くさりで　つながれた　トナカイが　います。
なかなか　ねむれない　ゲルダは　つぶやきました。
「カイ、どこに　いるの？」
すると、ハトが　いいました。
「カイって　こは　ゆきの　じょおうに　つれていかれたよ」
「どこへ　いったの？」
「ラップランドへ　いったんだよ。
　いつでも　ゆきが　あるからね」

つぎの ひ、ゲルダは さんぞくの むすめに じぶんを
じゆうに してほしいと たのみました。
ゆきの じょおうに さらわれた だいじな ともだちを
つれもどしに いきたいから、と。
はなしを ききおえると、むすめは トナカイに たずねました。
「おまえは ラップランドの ばしょを しっているかい？」
トナカイは うなずきました。
「もちろん。ぼくは あそこで うまれそだったからね」
むすめは たちあがって いいました。
「おまえは このこを、ゆきの じょおうの
　きゅうでんまで つれていきな」

さんぞくの　むすめは　ゲルダを
トナカイの　せなかに　のせました。
「けがわの　ブーツと、てぶくろ。
　それから、パンと　ハムも　もっていきな」
ゲルダは　うれしくて　なきだしました。
むすめは　ふんと　はなを　ならすと、
とびらを　あけはなちました。
「めそめそするのは　きらいだよ。
　さあ、カイを　つれもどしに　いきな！」
トナカイは　いきおいよく　かけだしました。
ゲルダは　ふりかえって　さけびました。
「ありがとう！」

ゲルダの カイへの おもいは、
あたたかい かぜを おこしました。
ゆきの じょおうの きゅうでんを まもる ゆきの
へいたいたちも ゲルダが ちかづくだけで とけていきます。
ゲルダが きゅうでんに はいると、
ふきあれていた つめたい かぜも やみました。

ゲルダは　あちこち　さがし、カイを　みつけました。
じょおうが　るすの　あいだ、
カイは　ひろまに　ひとり　のこされていたのです。
「カイ。だいすきな　カイ。ついに　みつけたわ」
けれども、カイは　じっと　すわったままです。
「カイ、わたしよ。ゲルダよ。わからないの？」
ゲルダは　カイを　だきしめて　なきました。
あつい　なみだが　カイに　おちると、
みるみる　カイの　こころが　とけだしました。
こおりの　かけらが　ながれでて、めの　なかに　あった
こおりの　かけらも　ながれおちました。

カイは ゲルダを みつめました。
「ゲルダ。ぼくは いったい どうしていたんだ?」
カイの ほおは あかみを おび、いきいきと してきました。
ゲルダの あいが じょおうの まほうを
うちやぶったのです。
カイは もう にどと、
じょおうに ついていくことは ないでしょう。
「さあ、わたしたちの アパートへ かえりましょう!」
ゲルダと カイは てを つなぎ、
きゅうでんを でていきました。

# はくちょうの おうじ

アンデルセン童話

　ふゆに なると はくちょうの とんでくる くにに、
11にんの おうじと
エリーサと いう おうじょが いました。
おかあさんは おもい びょうきで なくなり、
おうさまは あたらしい おきさきを むかえました。
けれども、あたらしい おきさきは まじょだったのです。
まじょは おうじたちを じゃまに おもい、
まほうで はくちょうに してしまいました。
はくちょうの おうじたちは つぎつぎに まどから
とびたっていきました。

ひとり のこされた エリーサは
はくちょうの あとを おって、もりに はいりました。
エリーサは もりに ねとまりし、まいにち
くたくたに なるまで はくちょうを さがしまわりました。
そうして いくにちが すぎたでしょう。
あるひ、エリーサは もりの なかで
おばあさんに あいました。
「おばあさま、おうかんを かぶった はくちょうを
　みませんでしたか？」
「ああ、その はくちょうなら
　うみの むこうへ とんでいったよ」
エリーサは もりを ぬけて、うみへ いきました。

ゆうひが しずむころ、
11わの はくちょうが とんできました。
はくちょうは エリーサの そばに おりたち、
おうじの すがたに もどりました。
「よかった。おにいさまたち ぶじだったのね」
おうじたちは かなしそうに いいました。
「にんげんの すがたに もどれるのは
　よるの あいだだけなんだ」
「ぼくたちは うみの むこうで くらすよ」
エリーサは いいました。
「わたしも もう おしろには もどれない。
　いっしょに つれていって」

その　よる、おうじたちは　ヤナギの　えだと　イグサで
かごを　あみました。
あさ、はくちょうの　すがたに　なった　おうじたちは、
エリーサを　のせた　かごを　くわえて　とびたちました。
うみの　うえを　とんでいくと、くもの　なかに　はいりました。
くもの　うえには　きゅうでんが　みえます。
エリーサは　めを　まるくしました。
「これが　おにいさまたちが　くらす　ばしょなの？」
「いや。これは　ようせい　モガーナの
　くもの　きゅうでんだよ。
　　にんげんは　はいれないんだ」
みるみる　きゅうでんは　かたちを　かえ、きえました。

はくちょうは　ひが　おちる　すんぜん、
やまに　おりたちました。
にんげんの　すがたに　もどった　おうじたちは
エリーサを　ほらあなに　あんないしました。
「ここは　あんぜんだよ。ゆっくり　おやすみ」
エリーサは　かたい　いわの　うえで　ねました。
（おにいさまたちを　もとに　もどしたい。
　どうしたら　いいのかしら）

すると、ゆめの なかに
ようせい モガーナが あらわれました。
モガーナは もりで あった おばあさんに そっくりでした。
「イラクサで 11まいの シャツを つくりなさい。
　それを おにいさんたちに きせれば、にんげんに
　もどるでしょう。ただし、シャツを つくりおえるまでは、
　ひとことも しゃべっては なりません」
つぎの ひから、エリーサは イラクサを つんで
シャツを あんでいきました。
イラクサの とげで てが きずだらけに なりましたが、
おにいさまたちを おもうと いたみは かんじませんでした。

そんな あるひ、わかい おうさまが おともを つれて
やまに かりを しに やってきました。
おうさまは エリーサを みて いいました。
「こんな ところに ひとが いるとは……。
　なにを しているんだ?」
エリーサは しゃべるわけに いかないので、だまっていました。
おうさまは うつくしい エリーサを ひとめで すきに なり、
おしろへ つれていきました。

おうさまは エリーサを おきさきに しました。
エリーサは シャツを あめなくなり かなしみました。
くちも きかず かなしみに くれている エリーサを みて、
おうさまは けらいに エリーサが あんだ
シャツと イラクサを もってこさせました。
「これで すこしは げんきが でると いいのだが……」
エリーサは うれしそうに、シャツを あみだしました。
そんな エリーサを みて、
おしろの ひとびとは うわさしました。
「あやしいな。おきさきは まじょじゃないか？」

エリーサは　まいにち　せっせと　シャツを　あみました。
ところが、あと　1まいと　いうところで、
イラクサが　たりなくなってしまったのです。
エリーサは　イラクサを　つむため、よなかに　こっそり
おしろを　でて　やまへ　むかいました。
が、あとを　おってきた　へいたいによって、
おしろへ　つれもどされてしまいました。
おうさまは　よなかに　でかけた　わけを　たずねましたが、
エリーサは　なにも　こたえません。

そばに いた さいばんちょうは いいました。
「こんな よふけに でかけるなんて、まじょに ちがいない。
　あした、ひあぶりの けいに するべきだ!」
エリーサは ちかの ろうやに ほうりこまれました。
ふかふかの ベッドの かわりに あたえられたのは、
イラクサと エリーサが あんだ 10まいの シャツでした。
(これが あれば ほかには なにも いらないわ)
エリーサは よどおし シャツを あみました。

あさひが のぼると、エリーサは ひあぶりに されるため、
ひろばへ つれていかれました。
シャツを だいじに かかえている エリーサを、
けらいたちは ゆびさしました。
「なにか もっているぞ！
　まじゅつを かけようと しているんじゃないか？」

と、そこへ 11わの はくちょうが まいおりてきました。
エリーサは バッと シャツを なげました。
シャツを はおった はくちょうは、
たちまち おうじの すがたに かわりました。
エリーサは ようやく くちを ひらきました。
「おにいさまたち、にんげんに もどれたのね」
おうじたちは これまでの ことを
おうさまに はなしました。
おうさまは やさしくて しんぼうづよい エリーサを
ますます すきに なりました。
それから、おうじたちは おしろに むかえられ、
エリーサは おうさまと なかよく くらしました。

# 3びきの くま
ロシアの昔話

もりで まいごに なった おんなのこが
いえを みつけました。
なかに はいると、テーブルに スープの はいった
おわんが みっつ ありました。

おんなのこは おおきな おわんの
スープを ひとくち のみました。
「あつい、やけどしちゃうわ」
つぎに ちゅうくらいの おわんの
スープを ひとくち のみました。
「こっちも あついわ」

さいごに、いちばん
ちいさな おわんの スープを のみました。
「これが いちばん おいしいわ」
おんなのこは ちいさな おわんの
スープを ぜんぶ のんでしまいました。

「たくさん あるいて くたくた。すこし やすみたいな」
おんなのこは おおきな いすに すわろうとしました。
ところが たかくて のぼれません。
しかたなく ちゅうくらいの いすに すわってみましたが、
すわりごこちが よくありません。
さいごに、ちいさな いすに すわりました。
「これが いちばん いいわ」
おんなのこは いすを ぎっこん ぎっこん ゆらしました。
すると、いすの あしが おれてしまいました。

おんなのこは　となりの　へやに　いきました。
そこには　ベッドが　みっつ　ありました。
いちばん　おおきな　ベッドに　ねてみましたが、
ひろすぎて　おちつきません。
ちゅうくらいの　ベッドも
やっぱり　ひろくて　おちつきません。
いちばん　ちいさな　ベッドに　ねてみると、
「これが　いちばん　ほっとする」
おんなのこは　すやすや　ねむりはじめました。

そこへ、3びきの くまが かえってきました。
おおきな くまは テーブルを みて、
おおごえで いいました。
「わしの スープを のんだのは だれだ！」
ちゅうくらいの くまは ちゅうくらいの こえで
いいました。
「わたしの スープを のんだのは だれ？」
ちいさな くまは ちいさな こえで いいました。
「ぼくの スープを ぜんぶ のんじゃったのは だあれ？」

おおきな くまは いすを みて、おおごえで いいました。
「わしの いすに すわったのは だれだ!」
ちゅうくらいの くまは ちゅうくらいの こえで
いいました。
「わたしの いすに すわったのは だれ?」
ちいさな くまは ちいさな こえで いいました。
「ぼくの いすを こわしちゃったのは だあれ?」

3びきは、となりの へやを みました。
おおきな くまが おおごえで いいました。
「わしの ベッドで ねたのは だれだ!」
ちゅうくらいの くまが ちゅうくらいの こえで
いいました。
「わたしの ベッドで ねたのは だれ?」
ちいさな くまは じぶんの ベッドを みて、
びっくりしました。

「だれか ねてるよ！」
その こえに おんなのこは とびおきて、
あわてて まどから にげていきました。

# すずの へいたい

## アンデルセン童話

ある おとこのこが おたんじょうびに、
プレゼントを もらいました。
はこには 25にんの へいたいが はいっていました。
おおきな いっぽんの スプーンを とかして
つくられたものです。
けれども、とちゅうで スプーンの すずが
たりなくなったため、さいごに できた へいたいだけ
あしが いっぽんに なっていました。

テーブルに おかれた いっぽんあしの へいたいは、
あたりを みまわしました。
すこし はなれた ところに、
かみで できた バレリーナの にんぎょうが いました。
ぴんと せすじを のばした すがたが、
うつくしく かがやいています。
かたあしを うしろに たかく あげていたので、
へいたいには あしが いっぽんであるように みえました。
「あのこも ぼくと おなじだ」
へいたいが バレリーナを みつめていると、
バレリーナも へいたいを みつめかえしました。

おとこのこは へいたいを もって、
まどの そばで あそびはじめました。
ところが、てが すべって、
へいたいを そとに おとしてしまいました。
ちょうど そこへ、ふたりの おとこのこが
とおりかかりました。
「あっ、へいたいが おちている」
「ボートに のせてみようよ」
ふたりは しんぶんしで つくった ボートに
へいたいを のせて どぶに ながしました。

みずの　ながれは　とても　はやく、へいたいを　のせた
ボートは　ぐんぐん　ながれていきました。
ボートは　くらくて　ながい　トンネルに　はいりました。
へいたいは　こころぼそくなりました。
「ぼくは　どこへ　ながされていくんだろう」

そのとき、どぶねずみが あらわれました。
「こら、まて。ここを とおるなら きっぷを みせろ」
そう いわれても、ボートを とめることは できません。
でぐちが ちかづくに つれ、ごうごうと、
みずの おちる おとが おおきくなってきました。

ドーッと、はげしい みずと ともに、ボートが おちました。
うみに でたのです。
いきおいで ボートは ちぎれ、
へいたいは みずの なかに しずんでいきました。

ふと、バレリーナの すがたが うかびました。
「もう いちど、あいたかったな……」
そこに、おおきな さかなが やってきて、
ぱくんと、へいたいを のみこみました。

へいたいが いなくなってから、しばらく たった あるひ。
おとこのこの おかあさんが、
かってきた さかなを きりました。
「まあ、へいたいだわ」
なんと、さかなの おなかから へいたいが でてきたのです。
へいたいを たべた さかなは あみに かかって、
いちばで うられ、おかあさんに かわれたのでした。

おとこのこは　よろこび、
へいたいを　もって　かけだしました。
ところが、ころんだ　ひょうしに、
へいたいを　ほうりなげてしまったのです。
へいたいが　おちたのは　だんろの　なか。
もえる　ほのおに　つつまれて、バレリーナを　みつめました。
「さいごに　ひとめ　あえて、よかった……」
バレリーナも　じっと　へいたいを　みつめます。

そのとき、まどから かぜが ふきこみ、
バレリーナは へいたいの もとへ とんでいきました。
かみの からだは あっというまに もえあがり、
へいたいも とけていきました。

よくあさ、はいの なかに ハートの かたちをした
すずの かたまりと バレリーナの むねの かざりが
のこっていました。

# ながぐつを はいた ねこ
### ペロー童話

こなひきやの しゅじんが すいしゃごやと
ろばと ねこを のこして、なくなりました。
3にんの むすこは
こなひきやが のこしたものを わけました。
いちばんうえの むすこは すいしゃごやを、
にばんめの むすこは ロバを、
そして、すえっこの ハンスは ねこを もらいました。
「ねこなんか もらったって、なんの とくにも ならない」
がっかりする ハンスに、ねこは いいました。
「わたしに ながぐつと おおきな ふくろを くだされば、
　ごしゅじんさまの とくに なることを してみせましょう」

ねこは ハンスから もらった ながぐつを はき、
ふくろを つかって うさぎを とらえると、
もりの むこうに ある おしろへ いきました。
「わたしの しゅじんである
　カラバこうしゃくからの おくりものです」
ねこが うさぎを さしだすと、
おうさまは くびを かしげました。
「カラバこうしゃく？ きいたことの ない なまえだな」
それも そのはず、カラバこうしゃくは
ねこが かってに つけた、ハンスの なまえだったのです。
ねこは それからも うさぎや かもを つかまえるたびに
おうさまに とどけました。

あるとき、ねこは ハンスを かわに さそいました。
「ごしゅじんさまは ここで みずあびを してください」
ハンスは いわれるまま、
ふくを ぬいで かわに はいりました。
ねこは ハンスの ふくを いわかげに かくすと、
おおごえで わめきました。
「たすけてください。
　カラバこうしゃくが おぼれそうなんです!」
とおりかかった ばしゃが とまり、
おうさまが かおを だしました。
「カラバこうしゃくだと? はやく たすけるのだ」

ねこは　おうさまに　ちかづいて　いいました。
「ごしゅじんさまは　みずあびを　なさっているうちに、
　どろぼうに　ふくを　ぬすまれてしまいました」
「それは　きのどくに。ふくを　よういしよう」
　おうさまから　もらった　ふくを　きると、
ハンスは　りっぱな　きこうしに　なりました。
　ばしゃに　のっていた　おうじょは　ハンスと
めが　あったとたん、ぽっと、かおを　あかくしました。
ねこは　にんまりしました。
　（おうじょさまが　ハンスさまを　すきに　なったようだ）
　おうさまの　さそいで
ハンスは　おうさまの　ばしゃに　のりました。

ハンスが おうさまの ばしゃに のったのを みとどけると、
ねこは ちかくの おしろへ いそぎました。
その おしろには わるい まほうつかいが すんでいて、この
あたりの とちを すべて じぶんのものに していたのです。
ねこは おしろに むかう とちゅう、
のうじょうの ひとびとに いってまわりました。
「この とちは だれの ものかと きかれたら、
　カラバこうしゃくの とちですと こたえるように。
　そうすれば、わるい まほうつかいを やっつけてあげますよ」

ハンスを のせた ばしゃは
おしろに むかって すすんでいました。
おうさまは のうじょうの ひとびとを
みかけるたびに たずねました。
「ここの とちは どなたの ものだ?」
ひとびとは きまって こう こたえました。
「カラバこうしゃくの とちです」
おうさまは かんしんして ハンスを みました。
「あなたは ひろい とちを もっているのだな」

さきに おしろに ついた ねこは、
まほうつかいに ていねいに あいさつしました。
「あなたさまは すばらしい まほうの ちからを
　おもちだそうですね」
「ああ、そうだ。
　わしは どんな ものにも すがたを かえることができる」
「たとえば、ライオンみたいな
　おおきな ものにも なれるのでしょうか?」
まほうつかいは パッと ライオンに すがたを かえました。
ねこは「ぎゃっ!」と、とびあがりました。
まほうつかいは とくいげに わらいました。

ねこは ぶるぶる ふるえながら いいました。
「でも、さすがに ねずみのような
　ちいさな ものには なれないでしょう」
まほうつかいは きっと、めを つりあげました。
「なんだと？　わしに なれない ものなど ない！」
まほうつかいは またたくまに ねずみに へんしんして、
ゆかを かけまわりました。
すると……

ねこは バッと ねずみを つかまえて たべてしまいました。
「さあ、わるい まほうつかいは いなくなったぞ。
　これから この しろと とちは
　カラバこうしゃくの ものだ！」

ようやく、おうさまの ばしゃが おしろに つきました。
ねこは もんから とびだし、ばしゃに かけよりました。
「ようこそ、カラバこうしゃくの おしろへ」
おうさまは びっくりしました。
「この みごとな しろも カラバこうしゃくの ものか」
おうじょも びっくりして ハンスを みつめました。
おうさまは ハンスに いいました。
「どうか おうじょと けっこんしてもらえないだろうか?」
まもなく、ハンスと おうじょは けっこんしました。
ねこは いちばんの けらいとして、
とても たいせつに されました。

# アラジンと まほうの ランプ
### アラビアンナイト

アラジンは おとうさんを なくしてから、
おかあさんと ふたりで まずしい くらしを していました。
あるひ、アラジンの いえに
おとこの ひとが たずねてきました。
「わたしは きみの おとうさんの おとうとだ。
　わたしが きみを りっぱな しょうにんに してあげよう」
おとこは アラジンを まちに つれだすと、
りっぱな ふくを かってくれたり、
ごうかな みせに つれていってくれたりしました。
「あしたは やまへ でかけよう」
つぎの ひ、アラジンは おとこと いっしょに
やまへ いきました。

おとこが じゅもんを となえると、

## ゴゴゴゴッ。

じめんが われ、いしの ふたが あらわれました。
おとこは わるい まほうつかいだったのです。
「この ふたを あけられるのは アラジンと いう なまえを
　もつ ものだけだ。アラジン、なかに はいって、
　いちばん おくに ある ランプを もってくるんだ」
「こんな ところに ひとりで はいるのは いやだよ」
まほうつかいは アラジンに、ゆびわを はめて いいました。
「なにか あったら、この ゆびわが まもってくれる。
　さあ、いってこい！」

アラジンは ふたを あけて こわごわ おりていきました。
さいしょの へやには きんや ぎんが つまれていました。
「すごい。たからだ！」
アラジンが きんを さわろうとすると、
まほうつかいの こえが ひびきました。
「さいしょの へやに あるものには さわるな！」
アラジンは びくっと てを ひっこめました。
つぎに いろとりどりの きのみの なる にわが あり、
さらに すすむと、おくの へやに ランプが ありました。
アラジンは ランプを ふところに いれました。
そして、かえりながら うつくしい きのみを
いくつか もいで ふところに つめました。

アラジンが でようとすると、まほうつかいは いいました。
「ランプを よこせ！」
「ふところの おくに つめたから すぐには だせないよ。
　さきに ぼくを ひきあげてよ」
「ランプを よこさない つもりだな。
　それなら、こうしてやる！」
まほうつかいが じゅもんを となえると、ふたが とじ、
アラジンは ちかに とじこめられてしまいました。
「ああ、かみさま。どうか たすけてください」
てを あわせた ひょうしで、ゆびわが こすれました。
すると……

とつぜん　おおとこが　あらわれました。
「わたしは　ゆびわの　まじんです。
　　ごしゅじんさま。なにか　ごようでしょうか？」
アラジンは　びっくりしましたが、とにかく　たのみました。
「ぼくを　いえまで　つれていっておくれ」
「かしこまりました」
そのとたん、ゴォッと
かぜが　ふきました。
きづくと　アラジンは
いえの　まえに
たっていました。

アラジンは これまでの ふしぎな できごとを
おかあさんに はなしました。
おかあさんは おどろきました。
「とにかく おまえが ぶじで よかった。つかれたでしょう。
　なにか たべさせてあげたいんだけど、
　うちには なにも ないの」
アラジンは ふところから きのみや ランプを だして
テーブルに ならべました。
「ランプを うって たべものを かってこよう」
アラジンは すこしでも きれいに みえるよう、
ランプを ぬので こすりました。
すると……

なんと ランプの なかから
おおとこが あらわれたのです。
「わたしは ランプの まじんです。
　ごしゅじんさま。なにか ごようでしょうか?」
おかあさんは びっくりして きを うしなってしまいました。
アラジンは いいました。
「ごちそうを だしておくれ」
たちまち、テーブルは ごちそうで うめつくされました。
どれも きんの おさらに のっています。
「こんな ごちそう はじめてだ」
アラジンは おかあさんを おこすと、
おなかが いっぱいに なるまで ごちそうを たべました。

あるひ、まちに おひめさまの いっこうが
とおりかかりました。
アラジンは ベールを あげた おひめさまを ひとめみて、
あまりの うつくしさに すきに なってしまいました。
なんとしても おひめさまと けっこんしたい アラジンは
おしろへ いきました。
「おひめさまと けっこんさせていただきたいのです。
　おひめさまのために この おしろの まえに
　あたらしい きゅうでんを たててみせましょう」
ランプの まじんの まほうで りっぱな きゅうでんが
たつと、おうさまは アラジンと おひめさまの けっこんを
ゆるしました。

ところが、アラジンが おひめさまと しあわせに くらして
いるのを あの まほうつかいが しってしまったのです。
「アラジンの やつ いきていたのか!」
まほうつかいは さっそく ランプうりに へんそうすると
きゅうでんの そばで さけびました。
「ふるい ランプを あたらしくしませんか」
ランプの ちからを しらない おひめさまは アラジンの
ランプを あたらしいものに とりかえてしまいました。

まほうつかいは ランプの まじんを よびだしました。
「いますぐ、この きゅうでんを さばくへ はこぶのだ」
そうして おひめさまも つれさられてしまいました。

でかけていた アラジンは もどってきて びっくり。
きゅうでんが どこにも ありません。
「ああ、かみさま!」
おもわず てを あわせると、
ゆびわの まじんが でてきました。
「ごしゅじんさま。なにか ごようでしょうか?」
「わたしを おひめさまの もとへ つれていっておくれ」
ゴォッと かぜが ふき、アラジンは またたくまに
さばくの きゅうでんに つきました。

アラジンは おひめさまが いる へやに しのびこみました。
おひめさまは アラジンの かおを みて、ほっとしました。
「あの ランプは まほうの ランプだったのですね。
　とりかえてしまって、ごめんなさい」
アラジンは やさしく いいました。
「だいじょうぶ。とりかえせば いいんだから」
そこで、おひめさまは しびれぐすりを いれた
ワインを もって ひろまへ いきました。
「まほうつかいさま、おつかれでしょう。
　おのみものを めしあがってください」
まほうつかいは ワインを のみほすと、
ばったり たおれて しんでしまいました。

アラジンは ランプの まじんに たのみました。
「きゅうでんを もとの ばしょに はこんでおくれ」
あっというまに きゅうでんは もとどおり。
それから、アラジンは ランプと ゆびわを たいせつにして
いつまでも おひめさまと しあわせに くらしました。

# アルプスの しょうじょ ハイジ

### 世界の名作（スイス）／ヨハンナ・シュピリ

おとうさんと　おかあさんが　しんだあと、
ハイジは　おかあさんの　いもうとの
デーテおばさんと　くらしてきました。
でも、おばさんが　フランクフルトの　まちで
はたらくことに　なったので、
ハイジは　おじいさんに　あずけられることに　なりました。
ハイジは　デーテおばさんに　ついて、
アルプスの　やまみちを　のぼり、
やまごやに　くらす　おじいさんと　はじめて　あいました。
デーテおばさんは、おじいさんに　ハイジを　あずけると、
さっさと　やまを　おりていきました。

むらの　ひとたちと　ほとんど　はなさない　おじいさんは、
がんこで　かわりものと　いわれていました。
でも、ハイジには　やさしくしてくれました。
ほしくさの　ふかふか　ベッドに、しぼりたての
やぎの　ミルク、とろーりとした　チーズを　のせた　パン。
それに、やまの　けしき。
おじいさんとの　くらし　すべてが、
ハイジの　おきにいりに　なりました。

ハイジは　ペーターという　やぎかいの　おとこのこと
なかよくなり、まいにち　やまを　かけまわりました。
やまの　うえの　くさはらで　はなを　つんだり、
やぎたちと　いっしょに　あそんだり、
ペーターと　おべんとうを　わけあって　たべたり、
ゆきやまを　あかく　そめる　ゆうひを　ながめたり……。
それは、ハイジだけでなく、ペーターにとっても
たのしく、しあわせな　じかんでした。

ハイジは　ペーターの　いえにも　あそびに　いきました。
めの　みえない　おばあさんは、
すなおで　おもいやりの　ある　ハイジを　すきに　なり、
まいにちのように　あいたがりました。
おばあさんが
「この　いえは　ふるくて、
　　かぜが　ふくと、ガタガタ、ミシミシ　いうんだよ」
と　いうと、ハイジは　おじいさんに　たのみました。
「おじいさんなら、ペーターの　おうちを
　　すぐに　なおしてあげられるよね」
つぎの　ひ、おじいさんは
ペーターの　いえを　なおしてあげました。
「なんて　しんせつな　ひとなんだろう」
おばあさんは　とても　よろこびました。

187

ハイジが　おじいさんと　くらして　3ねんが　たったころ。
デーテおばさんが　また　やまに　きました。
フランクフルトの　まちに、
はなしあいてを　さがしている　むすめさんが　いるので、
ハイジを　まちへ　つれていくと　いうのです。
おじいさんは　おこり、ハイジも　いやがりました。
「わたし、ここが　いい。
　ペーターの　おばあさんも　さびしがるわ」
デーテおばさんは　いいました。
「まちで　おみやげを　かって　かえれば　いいよ。
　ふわふわの　しろい　パンをね」
ハイジは　しろい　パンを　かったら、
すぐに　かえろうと　おもい、
デーテおばさんに　ついていきました。


まちの　おやしきに　いたのは、くるまいすに　すわった
あるくことの　できない　クララと　いう　おんなのこでした。
「こんにちは。あたし、ハイジ。
　アルプスの　やまから　きたの。
　アルプスの　やまは　とても　うつくしいのよ」
にこにこ、たのしそうに　やまの　はなしを　する　ハイジを
クララは　とても　きにいりました。
「ハイジと　はなすと、とても　たのしいわ。
　ずっと　ここに　いてね」

188

ハイジは　クララの　おせわがかりの
ロッテンマイヤーさんに　よく　しかられました。
「しょくじちゅう、よけいな　おしゃべりは　いけません」
「べんきょうちゅうは　じっと　していなくては　いけません」
ハイジは　クララと　なかよくなりましたが、
まちの　くらしには　なじめませんでした。
　（ここは　やまが　みえない。のはらも　ない）


ハイジは　たえられなくなって　かえろうと　しましたが、
ロッテンマイヤーさんに　みつかってしまいました。
「やまに　かえるなんて、とんでもない！」
そのうえ、ペーターの　おばあさんに　あげようと
とっておいた　パンも　とりあげられてしまいました。
「パンは　クローゼットに　いれるものでは　ありません。
　　ぜんぶ　すてます！」
「やめて。ペーターの　おばあさんに　あげたいの」
ないて　いやがる　ハイジを、クララが　なぐさめました。
「ハイジが　やまに　かえるとき、おみやげの　パンを
　　たくさん　もっていけるように　するから、なかないで」
ハイジは　うなずきました。
　（やさしくしてくれる　クララを、かなしませては　いけない。
　　わたしは　ここに　いなければ　いけないんだ）
しかし、ハイジは　しょくじが　たべられなくなり、
どんどん　げんきを　なくしていきました。

191

あるひ、パリで　しごとを　していた
クララの　おとうさんが　かえってきました。
おやしきに　まいばん、ゆうれいが　でて、クララが
こわがっていると　いう　しらせが　あったからです。
よる、クララの　おとうさんが　みはっていると、ギィー。
げんかんの　ドアの　あく　おとが　しました。
たっていたのは、ハイジでした。
「わたし、どうして　ここに　いるのかしら？」
ハイジは　やまに　かえりたい　あまり、
びょうきに　かかっていたのです。おいしゃさんが　いいました。
「しらないあいだに　おきだして、ふらふら　あるきまわる
　むゆうびょうだ。やまへ　かえしてあげたら、なおるだろう」

ハイジは　アルプスの　やまを　のぼっていきました。
とちゅう、ペーターの　いえに　より、
クララが　よういしてくれた　しろい　パンを
おばあさんに　あげました。
それから、また　やまみちを　のぼり、
やまごやを　めざしました。
やまごやの　まえに　おじいさんが　みえました。
ハイジは　おじいさんに　だきつきました。
おじいさんは　なみだを　うかべて、ハイジを　だきしめました。
「ハイジ、かえってきたのか」
「そうよ。わたし、ずっと　かえりたかったの」

クララは　ハイジから　やまの　はなしを　きいて、
アルプスに　あそびに　いってみたいと　おもっていました。
そこで、よくとしの　なつ、くるまいすを　おとこのひとたちに
かついでもらって、やまごやまで　のぼりました。
ハイジと　クララは　まいにち、たくさん
おしゃべりを　して、やまの　けしきを　ながめました。
「ハイジが　いっていた　とおりだわ。すばらしい　けしきね」
「やまの　うえの　くさはらは　もっと　すてきなのよ」
ハイジの　はなしを　きいて、
クララは　めを　かがやかせました。
「いってみたいわ」
そこで、おじいさんが　クララを　くるまいすに　のせて、
つれていってくれることに　なりました。

しかし、ペーターは　おもしろくありません。
ハイジが　ずっと　クララに　つきっきりで、
じぶんとは　ちっとも　あそんでくれないからです。
　（クララが　ここに　いられなくなるよう、
　　くるまいすを　なくしてやろう）
ペーターは　だれも　いないときを　みはからって、
クララの　くるまいすを　がけから　おとしました。
しかし、くるまいすが　バラバラに　こわれると、
ペーターの　むねが　いたみました。
　（わるいことを　したかな……）

ハイジは、ペーターが　くるまいすを　こわしたなんて、
おもいもしません。
くるまいすが　なくなったと　しると、いいました。
「ねえ、クララ。ペーターと　わたしで
　りょうほうから　ささえるから、あるいてみない？」
ペーターは　もうしわけない　きもちから、
クララに　かたを　かしました。
クララは　よろよろしながら、
いっぽいっぽ、あるきだしました。
「すごい。クララ、あるけるじゃない」
ハイジも　ペーターも、よろこびました。

そのころ、クララの　おとうさんが　ないしょで
やまを　のぼっていました。
クララを　びっくりさせようと　おもったのです。
でも、おどろいたのは　おとうさんでした。
クララが　ハイジの　かたに　つかまって、
あるいてきたのですから。
「クララが　あるいている。ゆめじゃないか……」
おとうさんは　クララを　だきしめました。
つぎの　ひ、クララは　おとうさんと　やまを　おりました。
ハイジは　おじいさんと　いっしょに、
てを　ふって　みおくりました。
「つぎの　なつ。また、きてね。きっとよ」

197

# フランダースの いぬ

世界の名作（イギリス）／ウィーダ

ネロが おじいさんと いっしょに あるいていると、
くさむらに きずだらけの いぬが たおれていました。
かなものやの しゅじんに いつも むちで たたかれていた
パトラッシュです。
ネロは パトラッシュに かけよりました。
「ひどい きずだ」
おじいさんは パトラッシュの そばに
しゃがんで いいました。
「うちへ はこんで てあてしてやろう」

ネロと おじいさんは パトラッシュの てあてを しました。
「はやく げんきに なるんだよ」
そうして、まいあさ パトラッシュを やさしく なでてから しごとに でかけました。
ふたりは むらの ひとたちから ミルクの かんを あずかり、アントワープの まちまで はこぶ しごとで わずかな おかねを もらっていたのです。
やがて げんきに なった パトラッシュは じぶんから すすんで にぐるまを ひき、ふたりの しごとを てつだうように なりました。

りょうしんの いない ネロにとって、パトラッシュは
だいじな ともだちであり かぞくに なりました。
おじいさんが びょうきに なると、ネロは パトラッシュと
ふたりで ミルクはこびの しごとを しました。
さむい ふゆや あつい なつは つらい しごとでしたが、
ふたり いっしょだと あかるい きもちで いられました。
ただ、アントワープの おおきな きょうかいに
はいるときだけは、ふたり いっしょと いうわけには
いきませんでした。
パトラッシュは ばんにんに おいかえされてしまうので、
そとで またなければ ならなかったのです。

あるひ、きょうかいの　まえに　ばんにんが　いなかったため、
パトラッシュは　ネロの　あとに　ついて
きょうかいに　はいりました。
ネロは　ぬのに　おおわれた　えの　まえで　とまると、
パトラッシュに　いいました。
「おかねを　はらわないと、この　えは　みせてもらえないんだ。
　いちどで　いいから、みてみたいんだけどな」
その　えは　ゆうめいな　がかが　かいた　ものでした。
でも、ネロには　よぶんな　おかねは　ありません。
まいにち、ストーブに　くべる　わずかな　まきや、
なべで　にる　スープを　てに　いれるだけで
せいいっぱいだったのです。

ネロは えを かくことが だいすきでした。
しょうらいは えかきに なりたいと おもっていたのです。
そんな ネロの ゆめを しっていたのは パトラッシュと、
ともだちの アロアだけでした。
アロアは むらで いちばん おかねもちの
こなやの ひとりむすめです。
ちいさいころから、ネロや パトラッシュと あそんできました。
しかし、しだいに アロアの おとうさんは
アロアが ネロと あそぶのを いやがるように なりました。
「あんな まずしい やつと なかよくしていたら、
　ろくな ことに ならない」

あるとき、ネロは　アロアと　パトラッシュの
えを　かいていました。
そこへ、アロアの　おとうさんが　とおりかかりました。
おとうさんは　ネロの　えを　みて　おどろきました。
アロアが　そっくりに　えがかれていたからです。
「こんな　ひまつぶしは　よくないことだ。
　だが、この　えは　よく　かけている。
　ぎんかを　やるから、えを　ゆずってくれ」
「ぎんかは　いりません。えは　さしあげます」
アロアの　おとうさんは　その　えを
へやに　かざりましたが、
アロアには　ネロと　あうことを　きんじました。

ネロは　まいにち　しごとの　あと、
えを　かくように　なりました。
えの　コンクールに　だすためです。
コンクールで　ゆうしょうすると、しょうきんが
もらえるうえ、えの　べんきょうを　させてもらえるのです。
なんとか　かきあげた　えを　だしましたが、
じしんは　ありません。
「ぼくの　えなんて、だれの　めにも　とまらないだろう」
でも、せいいっぱい　やったのだから、
かみさまを　しんじようと、こころに　きめました。
かえりみち、ネロは　かわいい　にんぎょうを　ひろいました。
ネロは　アロアの　へやの　まどを　たたいて
にんぎょうを　わたすと、すぐ　いえに　かえりました。

ところが、その よる、
アロアの いえで かじが おきたのです。
こなひきばも アロアたちが くらす いえも ぶじでしたが、
こなを いれてあった なやが やけてしまいました。
アロアの おとうさんは かけつけた ネロに いいました。
「おまえは さっき、この あたりを うろついていただろう」
そして、むらの みんなに ネロの わるぐちを いいました。
「わたしが アロアと つきあっては いけないと
　いったから、ネロが うらんで うちに ひを つけたんだ」
うわさは ひろまり、むらびとは ネロに あいさつさえ
しなくなりました。

クリスマスまで あと すこしと いう あさ、
びょうきだった ネロの おじいさんが
とうとう なくなってしまいました。
「おじいさん、めを さましてよ。おじいさん……」
ネロと パトラッシュは ふかい かなしみの なか、
おじいさんの おそうしきを だしました。

しかし、おそうしきを だすと、
おかねが なくなってしまいました。
おおやさんに やちんの しはらいを まってくれるよう
たのみましたが、だめでした。
「やちんの かわりに こやの なかの ものを おいて
　でていけ!」
「パトラッシュ、いこう」
クリスマス イブの あさ、
ネロと パトラッシュは こやを でました。
おじいさんとの おもいでの つまった こやとも
おわかれです。
ふたりは ゆきが ふる なか、
とぼとぼと まちへ むかって あるいていきました。

ネロは パトラッシュを つれて
まちの やくばに いきました。
えの コンクールの はっぴょうが おこなわれるのです。
ネロの むねが どきどき たかなる なか、
ゆうしょうしゃの えが かべに かけられました。
しかし、それは ネロの えでは ありませんでした。
ネロは パトラッシュを だきしめました。
「ああ、これで なにもかも おしまいになった」
ふぶきの なか、
ネロと パトラッシュは むらへ かえりました。

と、パトラッシュが　ゆきの　なかから
おさいふを　くわえました。
おさいふには　アロアの　おとうさんの　なまえが
かかれていました。
ネロは　アロアの　うちへ　いって、
おかあさんに　おさいふを　わたしました。
「これは　パトラッシュが　みつけました。
　　どうか、パトラッシュに　たべものと
　　あたたかい　ねどこを　あたえてやってください」
そう　いうなり、
ネロは　ドアを　しめて　いってしまいました。
しかし、パトラッシュは　ごちそうが　だされても、
たべませんでした。
すぐに　ネロの　あとを　おいかけて　でていきました。

ネロの あしあとは
まちの きょうかいに つづいていました。
パトラッシュが なかに はいると、
ネロは たおれていました。
そのとき、くらやみに ひかりが さし、
ネロが ずっと みたかった えが てらしだされました。
ネロは かおを あげて いいました。
「パトラッシュ、ごらん。やっと みられた。
　ああ、かみさま。ぼくは しあわせです」
よくあさ、アロアの ネロを さがす こえが
むらに ひびきました。

しかし、きょうかいでは　つめたくなった
ネロと　パトラッシュが　はっけんされました。
からだを　よせあう　ふたりの　かおには
おだやかな　ほほえみが　うかんでいました。

# あかげの アン

世界の名作（カナダ）／ルーシー・モード・モンゴメリ

アンは わくわくしていました。
これまで こじいんで さみしく くらしてきましたが、
マシューと マリラと いう としおいた きょうだいが
アンを ひきとってくれることに なったのです。
むかえに きてくれた マシューは おだやかで やさしく、
アンは すぐに なかよくなりました。
それに アボンリーの むらの うつくしいことと いったら！
「すてき。あたし、ここを よろこびの みちって よぶわ」
そうぞうすることが だいすきな アンは、
きにいった ばしょに なまえを つけていきました。

いえでは、きまじめな マリラが まっていました。
「マシューにいさん、なんで おんなのこを つれてきたの？」
のらしごとの できる おとこのこを もらうつもりだった
マリラは、アンを こじんへ おくりかえすと、いいました。
アンは がっかりしました。
「あたしは ここには おいてもらえないのね」
アンは ショックの あまり、
ゆうしょくも ほとんど たべずに ねました。
その あとで、マシューが ぼそっと いいました。
「あのこは かわいくて おもしろい こだよ」
ひとみしりの マシューが アンと
くらしたがっていることを しり、マリラは おどろきました。

つぎの あさ、アンは きもちを きりかえました。
（きょうだけでも、こんな すばらしい ところに
　いられるんだもの。すてきじゃない）
アンは マリラに いろいろな ことを はなしました。
りょうしんが なくなってから、
アンが どのように くらしてきたか。
つらい なかにも たのしみを みつけてきた
アンの はなしを きくうちに、マリラは これまでに
かんじたことの ない やさしい きもちに なりました。
みっかご、マリラは いいました。
「アン、これからも ずっと ここに いて いいよ」
アンは うれしくて マリラに だきつきました。

アンは マリラの てつだいを よく しました。
ときには ケーキの ざいりょうに いたみどめの くすりを
いれてしまったり、ともだちに ジュースと まちがえて
おさけを のませてしまったりと しっぱいも しましたが、
なんでも いっしょうけんめいに やりました。
そんな アンの やること はなすこと すべてが
おかしく、マリラは よく わらうように なりました。
あるとき、マリラは マシューに いいました。
「アンが きてから 3しゅうかんしか たっていないのに、
 ずっと まえから アンが いたような きが するわ。
　 もう アンの いない うちなんて、そうぞうできませんよ」
マシューは まんぞくそうに うなずきました。

アンは　むらの　がっこうへ　かようように　なりました。
がっこうで　いちばん　にんきが　あるのは、
あたまが　よくて　かっこいい　ギルバートです。
ギルバートは　あたらしく　はいった
アンの　きを　ひきたいと　おもい、
アンの　あかい　かみのけを　ひっぱりました。
「にんじん、にんじん！」
アンは　もっとも　きに　している　あかげを　からかわれて、
かっと　なりました。

## ガッシャーン！

おもわず　もっていた　せきばんで
ギルバートの　あたまを　たたきました。

せんせいは アンを しかりました。
「アン、なにを するんです！」
ギルバートは たちあがって いいました。
「せんせい、からかった ぼくが わるいんです」
しかし、せんせいは ギルバートの いうことは きかず、
ばつとして アンを こくばんの まえに たたせました。
（あたしは ギルバートを ぜったいに ゆるさない）
つぎの ひから、アンは べんきょうに うちこみました。
せいせきで ギルバートに まけたくなかったからです。
ギルバートは なんども なかなおりを しようと
しましたが、アンは つめたい たいどを とりつづけました。

あるとしの ふゆ、がっこうで クリスマスの
はっぴょうかいが ひらかれることに なりました。
ようせいの やくで げきに でることに なった アンは
とても はりきり、いえで ともだちと
れんしゅうを しました。
その ようすを みかけた マシューは おもいました。
(アンの ふくは ほかの こと ずいぶん ちがうな)
ほかの こたちの ふくは はなやかで
ふっくらしていますが、アンの ふくは
くろっぽくて ほっそりしているのです。
マリラは アンの ふくは はやりの ファッションより、
ながもちするものが いいと かんがえていたからでした。

マシューは アンに あたらしい ふくを
プレゼント することに しました。
けれども、おんなのこの ふくなど
かったことが ありません。
さんざん まよって、やっと ワンピースを かいました。
クリスマスの あさ、
マシューは はずかしそうに いいました。
「アン、クリスマスの プレゼントだよ」
アンは ぽろぽろ なみだを こぼしました。
「ゆめみたい。こういうのを きてみたかったの……」
しあわせ いっぱいの アンは はっぴょうかいでも
かつやくし、われるような はくしゅを うけました。

むらの　がっこうを　そつぎょうする　とし、アンは
せんせいに　なるための　がっこうを　じゅけんしました。
もちろん、ギルバートも　じゅけんしました。
ふたりは　べんきょうでは　よき　ライバルでした。
じゅけんの　まえ、ギルバートは　アンに
からかったことを　あやまり、ともだちに　なってほしいと
いいましたが、アンは　ことわりました。
こころの　なかでは　ギルバートを　ゆるしていたのに、
なぜか　すなおに　なれなかったのです。

アンと ギルバートは しけんに みごと ごうかくし、
1ねんかん まちで くらして、
がっこうで べんきょうすることに なりました。
まちへ いく まえの ばん、マリラは アンが いえに
きた ひの ことを おもいだし、なみだを こぼしました。
「ちいさな おんなのこのままで いてほしかったのに、
　こんなに りっぱに なって、とおくへ いってしまうのね」
マシューは ひとり そとへ でて、よぞらを みあげました。
（かみさま、アンの おかげで わしらは しあわせです。
　わしらの もとに アンを よこしてくださり、
　ありがとうございます）

まちの がっこうに はいってからも、
アンと ギルバートは いい ライバルとして、
せいせきで きそいあいました。
せいせきが ゆうしゅうだと、きんメダルか、
だいがくに しんがくする しょうがくきんが もらえるのです。
1ねんが たち、さいごの しけんけっかが でる ひ。
アンは どきどきしながら、けいじばんに むかいました。
「きんメダル、おめでとう。ギルバート！」
かんせいに、アンは がっかりしました。
ところが、アンを みて、みんなが いいました。
「アン、すごいわ。しょうがくきん おめでとう！」
アンは だいがくへ すすむ きっぷを てに いれたのです。

アンが いえに かえると、
マシューと マリラは よろこびました。
ただ、マシューは びょうきを わずらっていて、
マリラも としを とり、げんきを なくしていました。
アンは マシューに いいました。
「あたしが おとこのこだったら、マシューを てつだって
　らくを させてあげられたのに」
マシューは アンの てを とりました。
「いいかい、わしは 12にんの おとこのこより
　アン おまえ ひとりが いいんだ」
しかし、つぎの ひ、マシューは
とつぜん たおれて なくなってしまいました。
アンと マリラは しばらく ないて くらしました。

あるひ、マリラは いいました。
「ひとりで くらすには ひろいから、この いえは うるよ」
アンは くびを ふりました。
「ひとりじゃないわ。あたしも ここで くらすんだから」
「でも、アンには だいがくへ いく ゆめが あるでしょう」
「ゆめが かわったの。がっこうの せんせいに なりたいし、マリラの そばに いたいのよ。いちばん ちかい がっこうの せんせいは ギルバートに きまったから、つぎに ちかい がっこうを さがしてみるわ」
しばらくして、アンの もとに しらせが とどきました。むらの がっこうを アンに ゆずるため、ギルバートは ほかの がっこうの せんせいに なったと いうのです。

マシューの おはかまいりの かえりみち、
アンは ギルバートと ばったり あいました。
「あたしのために がっこうを ゆずってくれて、ありがとう」
アンが てを さしだすと、
ギルバートは しっかり にぎりしめました。
「ぼくたち、いちばんの なかよしに なれると おもうんだ。
　これからも たすけあおう」
アンは かおを あかくして うなずきました。
「ええ。あたしも そう おもうわ」
その よる、アンは おもいました。
　(つらいことも あったけど、それだけじゃない。まがりかどの
　さきには きっと いいことが まっているんだわ)

# マザー・テレサ

伝記

ヨーロッパの ちいさな まちで うまれた テレサは、
こどもの ころから おとうさんと おかあさんに つれられて、
キリストきょうの きょうかいに かよっていました。
テレサは 12さいの とき、インドへ いくことに なった
きょうかいの しんぷさまに たずねました。
「どうして、インドへ いくのですか？」
「インドには まずしい ひとが たくさん いる。
　その ひとたちに かみさまの あいを つたえるのが
　わたしの やくめなんだよ」
テレサは おもいました。
（わたしも インドへ いって かみさまの あいを
　つたえ、まずしい ひとびとの ちからに なりたい）
テレサは 18さいの とき、
うみを わたって インドへ いきました。
テレサは インドで 2ねんかん べんきょうし、
かみさまに つかえる シスターに なりました。
そして、インドの カルカッタと いう
おおきな まちの しゅうどういんの
がっこうで、せんせいとして
はたらきはじめました。

カルカッタの まちでは、たくさんの ひとびとが、
みちばたで くらしていました。
おかねも、たべものも なく、びょうきに なっても
びょういんへ いくことも できない。
そんな きびしい くらしぶりを みて、
テレサは まいにち、いのるように なりました。
「かみさま、 わたしは なにが できるのでしょう。
　どうか、わたしに おしえてください」
そんな あるひ、テレサは かみさまの こえを ききました。
「あなたは まずしい ひとの なかでも、
　もっとも まずしい ひとの ちからに なりなさい」
テレサは かみさまの こえに したがうことを ちかい、
せんせいの しごとを やめました。

テレサは しゅうどういんを でると、ちほうに ある
びょういんで はたらきながら、かんごほうを まなびました。
ちゅうしゃの うちかた、
くすりの あたえかた、
しゅっさんの てつだいかたなどを
おそわったあと、
テレサは カルカッタに もどり、
まいにち、まずしい ひとびとの
もとへ かよいました。

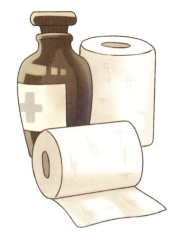

テレサは、けがや びょうきの ひとびとには てあてを し、
がっこうに いけない まずしい こどもたちに
あきちで よみかきを おしえました。
しんぷたちの なかには テレサの やりかたを
よく おもわない ひとも いました。
しかし、しだいに いえを かしてくれたり、
おかねを きふしてくれたり、
てつだったりしてくれる ひとびとが あらわれ、
かつどうは おおきくなっていきました。
そして、みんなの ちゅうしんで はたらく テレサは、
マザー・テレサと よばれるように なりました。

あるひ、テレサは みちばたに すてられた
あかちゃんを みつけました。
あかちゃんは なく げんきも ありません。
テレサは あかちゃんに つきっきりで、
せわを しました。
いっしゅうかんほどすると、あかちゃんは
げんきな こえを あげるように なりました。

テレサは、すてられた こどもたちの
せわを するための いえを つくりました。
しかし、なかには この いえに
とどけられて いちじかんも たたないうちに
しんでしまう こも いました。
テレサは すべての こを
しっかりと だきしめるようにと、
なかまの シスターたちに いいました。
「だれにも あいされないまま、
　しんでいくようなことは させません。
　あかちゃんでも、あいされたか
　そうでないかは、わかるのです」

テレサは びょうきの ひとを
たすける いえも つくりました。
びょうきの ひとを いえに はこぶと、
てを にぎって かたりかけました。
「あなたは のぞまれて この よに
　うまれてきた たいせつな ひとです。
　あいされている いのちなのですよ」
こうした あいに みちた、
テレサの かつどうは インドだけでなく、
せかいに ひろがっていきました。

テレサは　69さいの　とき、
ノーベルへいわしょうを　じゅしょうしました。
じゅしょうしきでは、きれいに　きかざった　ひとびとを
まえに、テレサは　いつもと　おなじ　サリーと　サンダルを
みに　つけて、しゅっせきしました。
「じゅしょうの　おいわいの　しょくじかいは　いらないので、
　その　ひようを　まずしい　ひとびとに　あげてください」
と　おねがいし、もらった　しょうきんは　すべて、
まずしい　ひとびとの　しょくじや
いえを　たてるために　つかいました。
じゅしょうの　インタビューで、「せかい　へいわの　ために、
わたしたちは　なにを　したら　いいでしょうか？」と
きかれると、テレサは　いいました。
「いえに　かえって、
　かぞくを　たいせつにしてあげてください」

テレサは　87さいで　なくなりました。
しかし、せかい　かくちに　つくられた　しゅうどういん、
がっこう、びょういん、ほごしせつで、
ひとびとを　すくう　かつどうが、いまも　つづいています。
たった　ひとりで　はじめたことが、せかいじゅうの
ひとびとの　こころを　うごかしたのです。

# ココ・シャネル

伝記

ココ・シャネルは、4にんの　きょうだいと　ともに
おかあさんに　そだてられました。
しかし、ココが　12さいの　ときに　おかあさんが
なくなり、しゅうどういんで　くらすように　なりました。
「また、まずしい　こが　やってきたわ」
おかねもちの　こたちは　ココを　みくだしましたが、
ココは　いつも　どうどうと　むねを　はっていました。
（わたしは　かならず　とくべつな　ひとに
　なってみせる！）
しゅうどういんで　ココは　みなと　おなじ　ふくを
あたえられ、さいほうを　おそわりました。
あるとき、ココは　かがみを　みて　おもいました。
（この　ふく、すこし　かえたら、すてきに　なりそう）
ココは　スカートの　ながさを　すこし　みじかくしたり、
そでを　すこし　ほそくしたりして、くふうしました。

17さいに　なった　ココは、まちの　ようさいてんで
はたらきはじめました。
おかねもちの　ともだちに　さそわれて
やしきに　あそびに　いったとき、ココは　おもいました。
（きぞくの　じょせいは、
　いろいろ　きまりごとが　あって、
　くらしかたも　ファッションも　いきぐるしそうね）

237

　このころ、きぞくの　じょせいたちは、
コルセットで　からだを　しめつけ、フリルや　レースで
かざられた　ドレスと、おおきな　ぼうしを　つけていました。
その　うごきにくい　ファッションで、
よこずわりに　うまに　のるのが　ふつうだったのです。
（ふつうじゃなくていい。
　わたしは　うまに　のりやすい　ふくを　きたい）
ココは　あたらしい　ふくを　かんがえました。
ズボンと　うわぎと、ちいさな　ぼうし。
じぶんで　つくった　ふくを　みに　つけ、
うまに　またがって　のる　ココは、
みんなの　ちゅうもくを　あびました。

あるとき、にんきものの　じょゆうが　ココに
「わたしにも　その　ぼうしを　つくってほしい」
と、たのみました。
それから、つぎつぎに　ぼうしの　ちゅうもんが
はいるように　なり、ココは　けついしました。
（パリに　ぼうしの　みせを　だそう！）
ココが　はじめた　ちいさな　みせは　うまくいき、
27さいの　とき、ココは　にぎやかな　カンボンどおりに
みせを　うつしました。

ココは　バカンスを　すごすための　リゾートちでも、
じょせいが　きゅうくつな　ドレスを　きているのに、
きが　つきました。
（もっと　らくで、ゆったりした　ふくが　あれば……）
あたまから　かぶって　きる　ブラウスや
ウエストを　しめつけない　スカートなど、
ココは　きやすい　ふくを　つくりました。
そして　リゾートちに　ようふくの　みせを　だしました。

ところが、まもなく　せんそうが　はじまったのです。
（みせを　しめたほうが　いいかしら……。
　いいえ。いまこそ　みせを　おおきくする　チャンスだわ）
せんそうが　はげしくなると、おかねもちの　じょせいたちが
とかいを　のがれて、ココの　いる　まちに　やってきました。
だんせいの　かわりに　はたらくように　なった　じょせいは、
こぞって　ココの　ふくを　かいました。
（もっと　うごきやすい　ふくが　ひつようね）
ココは　だんせいの　したぎに　つかわれていた　やわらかい
ジャージきじで　ドレスや　スーツを　つくりました。
この　ふくは　ゆうめいな　ファッションざっしにも
しょうかいされ、とぶように　うれました。

それから、ココは　じだいを　だいひょうする
ファッションを　つぎつぎに　うみだしていきます。
ファッションかいに　かくめいを　おこしたのは、
「リトルブラックドレス」。
それまで　くろい　ドレスは、そうしきで　きるものと
されていたのを、すてきな　ドレスに　したてたのです。
また、こうすいの　「シャネル　ナンバー　ファイブ」も
ひとびとを　おどろかせました。
それまでの　こうすいとは　ちがい、すこしの　りょうで
かおりが　ながくつづくように　してあり、
ビンの　デザインも　それまでには　ない
あたらしい　ものでした。
ほかにも　アクセサリーや　バッグなど、
ココが　うんだ　しょうひんは　だいにんきに　なりました。

やがて　ココは　ゆうめい　デザイナーとして
ほかの　くにでも　かつやくするように　なりました。
48さいの　ときには、アメリカのハリウッドへ　いき、
えいがの　いしょう　デザインも　てがけました。
ココは　どこでも　ちゅうもくの　まとでした。

ところが、ココが　56さいの　とき、
また　おおきな　せんそうが　はじまりました。
（もう　ひとびとに　おしゃれを　する
　よゆうは　ないわね）
ココは　パリの　みせを　しめました。
しかし、3000にんの　スタッフを　やめさせたため、
「とつぜん　やめさせるなんて、ひどい」
と　ココを　せめる　こえが　あがりました。
そのうえ、てきの　ドイツじんと　なかよくした
ココを、「うらぎりもの！」と、
ののしる　こえも　あがったのです。
つらくなった　ココは、
にげるように　スイスへ　いきました。


そうして　スイスに　くらして　15ねんが　たったころ、
パリでは　コルセットで　からだを　しめあげる
デザインの　ふくが　ふたたび　はやりはじめました。
ココが　すてさったはずの　きゅうくつな　デザインです。
ココの　こころに　あついものが　わきあがってきました。
（じょせいの　いきかたを　じゃましない
　ファッションを　とりもどさなければ！）
いちど　はなれた　ファッションの　せかいに
もどるのは　たいへんな　ことです。
でも、ココは　なにも　おそれていませんでした。

ココは　71さいで、しんさくを　はっぴょうする　ショーを
ひらきましたが、けっかは　さんざんな　ものでした。
しんぶんには　きびしい　ことばが　ならびました。
「ふるくさい　ファッション」
「シャネルの　じだいは　おわった」
しかし、ココは　よけいに　じょうねつを　もやしました。
「わたしは　いずれ　すたれる　りゅうこうでは　なく、
　えいえんに　かわらない　スタイルを　つくっているのよ」
ココは　すぐに　つぎの　じゅんびに　とりかかりました。

そして、よくとし───。
えりなしの　ジャケットに　タイトスカートを
くみあわせた「シャネル　スーツ」を　はっぴょうすると、
アメリカの　ファッションかいから　ほめたたえられ、
おくれて　パリでも　たかく　ひょうかされました。
それから　ココは　87さいで　しぬまで、
ファッションかいを　リードしつづけました。
ココの　つくった　じょうひんで　うごきやすい　ふくは、
じょせいの　ファッションだけでなく、
いきかたにも　えいきょうを　あたえたのです。
いまなお、「シャネル」は　せかいの　じょせいが
あこがれる　ブランドとして　かがやきつづけています。

246

## 文★ささき あり

東京都在住。おもな作品に『ゆめいっぱい みんなプリンセス おんなのこのめいさくほん』『ゆめいっぱい みんなだいすき おんなのこ はじめてのめいさくえほん』『ゆめいっぱい こころときめく おんなのこ かんどうのめいさくえほん』（以上、西東社）、『ふくろう茶房のライちゃん』（佼成出版社）などがある。『おならくらげ』（フレーベル館）で第27回ひろすけ童話賞を受賞。一般社団法人 日本児童文芸家協会会員。

## 絵★

朝日川日和［シンデレラ／アルプスのしょうじょハイジ］
いのうえたかこ［ココ・シャネル］
おうせめい［かえるのおうじさま／ゆきのじょおう／あかげのアン］
梶山ミカ［ねむれるもりのびじょ／はくちょうのおうじ］
花珠［ラプンツェル／ねずみのよめいり／あかいくつ］
佳奈［きんのおの、ぎんのおの／あおひげ／すずのへいたい／マザー・テレサ］
スギ［きたかぜとたいよう／かしこいグレーテル／3びきのくま］
七海トモロウ［おおかみと7ひきのこやぎ／マッチうりのしょうじょ／アラジンとまほうのランプ］
maruco［ながぐつをはいたねこ］
橙花らうん［はだかのおうさま／フランダースのいぬ］
鷲尾美枝［つるのおんがえし］

カバーイラスト　　いのうえたかこ
装丁・本文デザイン　棟保雅子
編集協力　　　　　石田純子

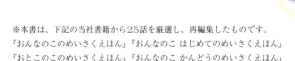

※本書は、下記の当社書籍から25話を厳選し、再編集したものです。
『おんなのこのめいさくえほん』『おんなのこ はじめてのめいさくえほん』
『おとこのこのめいさくえほん』『おんなのこ かんどうのめいさくえほん』

## キラキラかんどう おんなのこの めいさくだいすき

| 著　者 | ささき あり |
| --- | --- |
| 発行者 | 若松和紀 |
| 発行所 | 株式会社 西東社 |

〒113-0034　東京都文京区湯島2-3-13
https://www.seitosha.co.jp/
電話　03-5800-3120（代）

※本書に記載のない内容のご質問や著者等の連絡先につきましては、お答えできかねます。

落丁・乱丁本は、小社「営業」宛にご送付ください。送料小社負担にてお取り替えいたします。
本書の内容の一部あるいは全部を無断で複製（コピー・データファイル化すること）、転載（ウェブサイト・ブログ等の電子メディアも含む）することは、法律で認められた場合を除き、著作者及び出版社の権利を侵害することになります。代行業者等の第三者に依頼して本書を電子データ化することも認められておりません。

ISBN 978-4-7916-2686-1